Christoph Schommer (Hg.)

Heute leben – heute glauben

Heute leben – heute glauben

Prominente Christen im Gespräch

Im Auftrag des
Bonifatiuswerkes der deutschen Katholiken
herausgegeben von

Christoph Schommer

BONIFATIUS

Imprimatur. Paderbornae, d. 2. m. Septembris 2002
Nr. A 58-21.00.2/673. Der Diözesanadministrator H. J. Becker

Bibliografische Information Der Deutschen Bibliothek:
Die Deutsche Bibliothek verzeichnet diese Publikation in der Deutschen Nationalbibliografie; detaillierte bibliografische Daten sind im Internet über http://dnb.ddb.de abrufbar.

Umschlaggestaltung:
Agentur corporate, Münster

ISBN 3-89710-224-2

Gesamtherstellung:
Bonifatius GmbH Druck · Buch · Verlag Paderborn

Inhalt

Vorwort

Liebe Leserin, lieber Leser!

Sicherlich haben Sie sich an so manchen Tagen auch schon gefragt: Was verbirgt sich wohl hinter den prominenten Gesichtern aus Politik, Kirche und Gesellschaft? Was steckt hinter der „Fassade" eines Dieter Thomas Heck? Welche Ansichten vertritt Fürstin von Thurn und Taxis heute – etliche Jahre nach ihren aufsehenerregenden Auftritten in der Glamour-Szene? Welche Erfahrungen prägen unseren Bundestagspräsidenten Wolfgang Thierse? Und wie verbindet der Babykost-Hersteller Claus Hipp Managementanforderungen und Glaubensgrundsätze in seiner täglichen Arbeit?
Lauter spannende Fragen, auf die Sie auf den folgenden Seiten eine Antwort erwarten dürfen.

„Heute leben – heute glauben" – schon der Titel dieses Buches verrät Ihnen, liebe Leserin und lieber Leser, dass es bei den Gesprächen nicht allein um Erlebnisse der Vergangenheit geht. Das Hier und Heute steht direkt und indirekt im Mittelpunkt der Interviews: Welche Kindheitserfahrungen prägen die prominenten Gesprächspartner bis in den heutigen Alltag hinein? Welche Werte erscheinen ihnen für den Zusammenhalt der Gesellschaft notwendig? Welche Rolle wird die Kirche ihres Erachtens bei der Bewältigung der vor uns liegenden Aufgaben spielen?

„Heute leben – heute glauben" – die Gespräche verdeutlichen auch: Weder Vicky Leandros, Hanna-Renate Laurien und Heinz Sielmann noch Christian Wulff oder Hans Koschnick haben sich auf den bequemen Posten eines außenstehenden Beobachters und Kritikers zurückgezogen. Sie leiden an einer Entwicklung in der Gesellschaft, die grundlegende Werte des Zusammenlebens anzweifelt und oftmals außer Kraft setzt. Und sie engagieren sich für ein Miteinander, in dem das christliche Menschenbild die zentrale Leitlinie darstellt. Der christliche Glaube als ein Auftrag, als ein Wille zu einer besseren Welt.

Genau diese Einstellung versucht das **Bonifatiuswerk der deutschen Katholiken** mit seiner Arbeit an junge Menschen weiterzugeben. Das europaweit tätige Hilfswerk mit Sitz in Paderborn sorgt seit fünf Generationen dafür, dass der christliche Glaube gerade da lebendig bleibt, wo er besonders gefährdet ist: in der Diaspora. Dort, wo einer kleinen Anzahl von Gläubigen eine Vielzahl von Menschen gegenüber steht, die ohne Gott leben.
Das Bonifatiuswerk unterstützt – ohne Kirchensteuermittel – die katholische Jugendarbeit vor Ort in der deutschen, nordeuropäischen und baltischen Diaspora, den Bau von Kindergärten, Schulen, Gemeindehäusern, Kirchen und Klöstern und fördert die Ausbildung junger Priester.

„Heute leben – heute glauben" – die Weitergabe persönlicher Überzeugungen liegt in den Händen von Menschen, die ihrem Glauben eine Sprache geben. Prominente Christen haben dies in den nachfolgenden Interviews, die ich in den vergangenen Jahren als Leiter der Öffentlichkeitsarbeit des Bonifatiuswerkes der deutschen Katholiken und Chefredakteur der Mitgliederzeitschrift „Bonifatiusblatt" führen konnte, getan. Drei weitere Interviews (Kardinal Meisner, Prof. Sielmann, Pater Grün) hat mein Kollege Matthias Micheel, Leiter der Diaspora-Kinderhilfe im Bonifatiuswerk der deutschen Katholiken, zur Verfügung gestellt.
Es waren spannende, angenehme, überraschende und durchaus auch heitere Gespräche, die mit diesem Buch nun auch Ihnen einen ganz persönlichen Blick hinter die „Fassade" prominenter Mitmenschen erlauben.

Paderborn, im August 2002

Christoph Schommer

Im Gespräch: Hanna-Renate Laurien

Langjährige Kultusministerin in Rheinland-Pfalz sowie Senatorin und Präsidentin des Abgeordnetenhauses in Berlin

„Sich als Christen im säkularen Raum beweisen“

Sie hat auf die politische und kirchliche Entwicklung in unserem Land Einfluss genommen. Und sie hat sich mit ihrem Einsatz für eine wert- und leistungsorientierte Bildungspolitik über Parteigrenzen hinweg hohe Anerkennung erworben: Hanna-Renate Laurien.
Als Schulleiterin eines katholischen Mädchengymnasiums in Köln, als Kultusministerin in Rheinland-Pfalz sowie als Schulsenatorin und Präsidentin des Abgeordnetenhauses in Berlin hat die engagierte Christin stets persönliche Erfahrungen und religiöse Überzeugungen in ihre Arbeit eingebracht. In ihrer Berliner Wohnung sprach „Hanna-Granata“ – wie sie bis heute respektvoll genannt wird – über die Weitergabe des Glaubens an junge Menschen.

Frau Dr. Laurien, Sie sind als Protestantin aufgewachsen, haben als Vierzehnjährige allein regelmäßig sonntags morgens um sieben Uhr den Gottesdienst besucht, haben sich im Arbeitsdienst während der Kriegsjahre mit vier anderen Mädchen zum Bibellesen verabredet, konvertierten im Jahre 1952 und sind einige Jahre später dem Dritten Orden der Dominikaner beigetreten – nicht gerade der typische Lebensweg eines jungen Menschen, weder damals noch heute …

Laurien:
In meiner Generation gibt es eigentlich keine „typischen" Lebenswege, weil in jeden dieser Lebenswege der Krieg unterschiedlich eingegriffen hat und wir alle neue Situationen zu bestehen hatten. Insofern kann man sicherlich nur ganz grobe Überschriften als eine Art Typisierung setzen.

Ist es für junge Menschen heutzutage schwerer, zum Glauben zu finden, als beispielsweise zur Zeit Ihrer Jugend?

Laurien:
Ein direkter Vergleich erscheint mir recht schwierig. Es kommt u. a. darauf an, wo Sie leben. Ob Sie in Paderborn leben oder in Erfurt oder in Magdeburg oder in Schwerin. Das ist ein ganz großer Unterschied. Die Frage ist jeweils, welche Grunderfahrung hast du in deiner ersten Lebenszeit gemacht. Und dann lässt sich in der Tat etwas zusammenfassen. Es gibt verbindende Bögen. Damals wie heute ist für Kinder die wichtigste Erfahrung, als Kind angenommen und geliebt zu werden. Nicht wegen der Schönheit oder der Klugheit, sondern als Mensch. Wenn Sie Ihre Aufmerksamkeit auf die Glaubensfrage richten, dann ist es heute sicherlich letztlich schwieriger, weil die grassierende Gleichgültigkeit tödlicher ist als ein „Anti". Ein „Anti" verlangt Stellungnahme, während Gleichgültigkeit eigentlich eine solche Konzentration auf das Diesseits mit sich bringt, dass man meint, alles ginge. Aus vielen Begegnungen kann ich jedoch sagen: Eine solche Aussage stimmt nur sehr bedingt, denn die Frage nach Glück, nach Liebe, nach Sinn stellen die jungen Men-

schen auch heute. Nur geben ihnen da immer weniger Menschen Antworten.

Die Frage lässt sich also nicht pauschal beantworten. Ich könnte aus meiner Erfahrungswelt tolle junge Menschen nennen, gerade frisch gefirmt, die mit einer unglaublichen Selbstverständlichkeit von Jesus reden. Andere wiederum sagen: „Was macht denn das arme Gör da auf dem Holz?" – und sie meinen die Krippe. Die Spannbreite ist heute sehr viel breiter. Und wir kirchlich Gebundenen gehen nicht genug auf die zu, die fern stehend sind – und zwar nicht mit einem Schildchen umgehängt: „Achtung, ich missioniere!", sondern alltagsbedingt. Ich halte die so genannten „Passage-Riten" wie die Trauung, die Taufe sowie den Besuch des Gottesdienstes aus purer Langeweile im Urlaub für ganz wichtige Dinge. Gleiches gilt übrigens auch für das Krankenhaus. Da treffen wir auf Lebenssituationen, in denen wir nicht einen frommen Spruch loslassen sollten, sondern in denen wir als Begleitung des Menschen eine Chance haben. Die Chance, dem anderen eine Tür zu öffnen für ein Leben, das wir als erfüllter ansehen als ohne diese Türöffnung.

Ich will dazu etwas schmunzelnd bemerken: Wir haben hier im Ostteil Berlins ein großes evangelisches Krankenhaus. Als das eingerichtet wurde, bat man mich, den Mitarbeitern zu sagen, dass sie sich jetzt nicht alle taufen lassen müssten. Der dortige Pfarrer hatte ein großes Forum organisiert, einen Mitarbeitertag, an dem die Teilnahme freigestellt war. Das Thema lautete: Vorstellung der Weltreligionen – Hinduismus, Buddhismus, Judentum, Islam und Christentum. Ich war für die katholische Kirche anwesend, die inzwischen verstorbene Frau Ministerin Hildebrand für die evangelische. Und was sagte Frau Hildebrand – übrigens hinreißend realistisch? „Wenn ich ins Krankenhaus komme, dann will ich doch nicht den Pfarrer sprechen. Ich will gesund werden." Da habe ich gedacht, völlig richtig, denn sie lebt – wie ich – in der Kirche. Ich gehe auch nicht ins Krankenhaus, um dort einem tollen Seelsorger zu begegnen. Aber es ist ein Ansatz, um die zu er-

reichen, die nie einen Fuß in die Kirche bekommen und nie christliche Lebensbegleitung erfahren durften.
Ein anderes Beispiel für meine These „Im Alltag begegnen" ist die Einrichtung *In Via,* ein Säkularinstitut hier in Berlin. Hier findet Mädchenarbeit, Mütterarbeit und Betreuung von Hortkindern statt. Es werden Kurse angeboten für Frauen, die einmal ganz draußen waren in ihrem Leben und vielleicht heute für ein bestimmtes Gewerbe zu alt geworden sind. Sie erhalten die Möglichkeit, Wirtschafterin zu werden. Diese Frauen erfahren häufig zum ersten Mal in ihrem Leben – und ich habe das mehrmals miterlebt –, dass jemand sie mag, dass jemand sie als Person anspricht. Das ist eine große Chance. So kam es dann eines Tages vor, dass die Schwestern den Frauen im Wirtschaftskurs vorgeschlagen haben, einmal gemeinsam Mittag zu essen. Und was sagten die Wirtschafterinnen? „Aber dann essen Sie bitte so, wie Sie immer essen." Das hieß: mit Gebet! Das war beeindruckend.

Ein anderes Beispiel: Im Advent ruft mich jemand an und sagt: „Stellen Sie sich einmal vor, Frau Laurien, da hat eine Frau gefragt: ‚Was macht denn das arme Gör da auf dem Holz?' Jetzt muss ich dem die Weihnachtsgeschichte erzählen." Dann haben wir beide eine Stunde lang telefoniert, wie man Außenstehenden die Weihnachtsgeschichte so erzählt, dass sie inhaltlich rüberkommt. Denn es muss unbedingt klar werden: Die Bibel ist kein Geschichtenbuch. Im Zentrum steht allein die Auferstehungserfahrung. Und ausgehend von dieser Begeisterung – „Jesus lebt!" – können nun auch alle Besonderheiten entdeckt werden. Da kennt man jemanden, neben dem latschst du dauernd lang und auf einmal entdeckst du, dass er ja ein ganz toller, großer Mensch ist. Und jetzt begreifst du auch, was du vorher mit ihm erfahren hast. Das Ganze verlangt Kenntnisse über den Glauben – und auch eine persönliche Glaubenserfahrung. Also: Theologie hindert nicht am Glauben, sondern stärkt ihn. Das fehlt uns heute weithin. Gleiches gilt für Predigten und Gottesdienste, sie in einem solchen Sinne als „Instrumente" einzusetzen. Dass der letzte

Funke nicht vom Hören kommt, wissen wir alle. Aber ohne das geht es auch nicht. Und da sehe ich tolle Chancen für die Zukunft.

„Begegnen im Alltag" – das beinhaltet auch, sich der Diskussion zu stellen …

Laurien:
Ja und wie! Es ist seit Jahrzehnten meine Linie gewesen, sich als Christ im säkularen Raum zu beweisen. Deshalb bin ich beispielsweise früher als Lehrerin von der katholischen Schule weggegangen an die öffentliche. Deshalb bin ich auch nie in einen katholischen Lehrerverein eingetreten, sondern in einen säkularen, weil ich es wichtig finde, dass der überzeugte Christ sich dort stellt. Im Deutschunterricht, im Englischunterricht, in Erdkunde oder in Biologie – überall stellen sich uns grundsätzliche Fragen. Ich kann Shakespeare nicht durchnehmen, ich kann Goethe nicht durchnehmen, wenn ich nicht auf diese Grundfragen komme. Allein schon diese Fragen zur Sprache zu bringen, das ist für mich ein christlicher Beitrag. Denn dann muss ich bekennen, wo ich stehe. Das ist mindestens so wichtig wie der Beitrag katholischer Schulen, katholischer Krankenhäuser oder katholischer Kindergärten. Katholische Christen in den säkularen Einrichtungen – das bleibt ganz wichtig.

Wenn konfessionslose Eltern ihre Kinder auf eine katholische Schule schicken – kann das für die Kirche ein Weg sein, über diese „Schnuppererfahrung" auch in nichtchristlichen Gegenden neue Zielgruppen zu erreichen und Fuß zu fassen?

Laurien:
Ich finde diese „Schnuppererfahrung" außerordentlich wichtig. Und die gibt es übrigens nicht nur beim Schulbesuch, sondern auch beim Gottesdienstbesuch. Viele Menschen langweilen sich – gerade auch im Urlaub. Ich weiß nicht, was das ist. Aber ich muss zur Kenntnis nehmen, dass viele Menschen diese Erfahrung machen. Sie verlangen ein gewisses „Enter-

tainment". Die gesamten Ferienprogramme sind darauf eingestellt. Gottlob haben einige Veranstalter in den Ferienprogrammen ihr „Entertainment" inzwischen so gestaltet, dass es zu einem „Selbertun" hinführt. Aber das ist immer noch die Ausnahme. Da lohnt es sich, wenn in einem Ferienort eben nicht der erschöpfte Priester gebeten wird, nun doch einmal eine Messe zu zelebrieren und zu predigen. Sondern da muss das „frischeste Volk" unter den Geistlichen eingeladen werden.

Und dann sollten Angebote an die Urlauber folgen. Beispielsweise eine Einladung zum „Fröhlichen Nachmittag". Nicht die Kirche, sondern die Begegnung sollte dabei an erster Stelle stehen. Nach dem Motto: Kommt, wir wollen uns erst einmal gegenseitig beschnuppern. Und dann könnte man auch einmal zu einem Gottesdienst einladen. Wenn wir es schaffen, diesen dann so zu gestalten, dass der Besucher die Erfahrung macht, dass ihn da irgendetwas anspricht – dann ist das eine großartige Sache! Und da ist natürlich auch die Sprache gefordert. Sagen Sie heute einmal jungen Leuten „Lamm Gottes". Was ist das für die? Ich will mich nicht davon verabschieden, aber ich muss das doch erläutern, begründen, erklären können.

Auf einer großen Veranstaltung habe ich neulich über das Thema „Und dennoch Kirche" gesprochen. Am Schluss meines Referates habe ich alles Intellektuelle beiseite geschoben und gesagt: Das eigentlich Wichtigste ist, die Geschichte jenes Rabbi ernst zu nehmen, den seine Schüler fragten: „Was muss ich denn noch tun, damit ich zu Gott finde, damit ich zeige, dass ich Gott liebe?" Er sagte: „Gar nichts, du musst dich endlich der Einsicht öffnen, dass er dich liebt." Das ist der wirkliche Kern.
Ein anderes Beispiel. Wir hatten Firmung. Unser Kardinal war da. Und unser Pfarrer sagte zur Begrüßung: „Also, unsere 21 Firmbewerber sind nicht alle glühende Feuer, das sind auch nur glimmende Dochte!" Dann sagte der Kardinal, ehe man nur aus Konvention mitmache, sage man besser „Nein" und

warte noch ab. Das sei viel ehrlicher, viel besser und das verdiene hohen Respekt. Es gehe gar nicht darum, hier auf jeden Fall gefirmt zu werden, denn was man da riskieren würde, worauf man sich da einlassen würde, das sei allerhand. Er hat einiges aufgezählt und fragte die jungen Bewerber anschließend: „Und, möchtet ihr denn trotzdem gefirmt werden?" Eine junge Frau antwortete ihm, eben weil sie unvollkommen sei, gehe sie zur Firmung. Da sagte der Kardinal: „Großartig, das ist es!"
Das „Ja" zu unsrer Unvollkommenheit, das Begleiten des Leides, das sind unglaubliche Zugänge. Die kann man auch verstärken.

Neugierde und Geschmack auf eine Lebensgestaltung aus dem Glauben heraus finden Jugendliche nicht allein durch Wissensvermittlung des Christentums ...

Laurien:
... die allerdings absolut notwendig ist! Sie reicht halt nur alleine nicht.

Entscheidend sind also auch die konkreten Personen und ihr Umgang mit den Jugendlichen?

Laurien:
Selbstverständlich. Und da sind wir nun bei einem Thema, dass mich schmunzeln lässt, so ernst es ist, weil sich Erziehung zu politischer Verantwortung und Mündigkeit wie auch Erziehung zur religiöser Mündigkeit treffen. Alles, was wir sagen und beschreiben, bricht sich an der Unvollkommenheit der Erwachsenengesellschaft. Und das ist ein Ansatz, den ich für unglaublich wichtig und auch heute noch für steigerungsfähig halte. Nicht indem ich die Vollkommenheit als Ziel setze, sondern indem ich das Leben mit meiner Gebrochenheit als überstehbar darstelle, weil ER mich liebt. Das ist so unglaublich wichtig.

Ich war Schulleiterin und hatte u. a. eine Unterprima in Eng-

lisch, also ein 12. Schuljahr. Meine Stunde war einfach mangelhaft. Und so sagte ich im Hinausgehen: „Also, meine Damen, Laurien war heute 5." Daraufhin ein Zuruf: „Frau Direktorin, trösten Sie sich. Es war eine Vier minus." So sind die, wenn man einen Mangel zugibt. Sie trösten einen. Da ist auf einmal eine Solidarität vorhanden im Mangel. Die „Gemeinsamkeit der Schwäche" – das verbindet.
Ähnlich sieht es bei Diskussionen zum Thema „Gewalt" aus. Da habe ich gefragt, ob sie noch nie das Verlangen hatten, einem mal so richtig den Hals umzudrehen. Daraufhin die Frage: „Woher wissen Sie denn, dass wir auch so denken?" Ich sagte, weil ich das auch manchmal so empfinden würde. Da waren wir dann auf einmal beim Thema – „Gewalt in mir". Es gab ein hervorragendes Gespräch mit den jungen Menschen.

Für viele Kinder und Jugendliche ist der Religionsunterricht heute der einzige Kontakt, den sie noch zur Kirche und zum katholischen Glauben haben. Eine große Verantwortung für die Religionslehrer.

Laurien:
Ich sehe da zwei befreundete Kinder vor mir, die mir pausenlos von ihrem faszinierenden Religionsunterricht erzählen. Dann in einer anderen Familie: Keiner geht mehr hin. Die hören gar nicht mehr zu. Ich denke, dass diese Chance, die der Religionsunterricht bietet, ernster genommen werden muss. Es sollte ein Unterricht sein, der Lebensfragen stellt, aber eben auch mit der Bibel vertraut macht.

Heute morgen hörte ich im Radio von einem Vater, der seinen Sohn vor einiger Zeit nach dem Inhalt seines Religionsunterrichtes befragte. „Wir sind bei den Drei Königen", antwortete der Junge. Drei Wochen später fragte der Vater erneut, was sie machen würden. Und der Junge antwortete wieder: „Drei Könige." Das empfand der Vater als zu lang. „Na hör mal, Papa", sagte der Junge, „die hatten es ganz schön weit. Was die alles überwinden mussten! Wenn du deine Schlüssel suchst, brauchst du länger, als die gebraucht haben, um Bethlehem zu finden." Da merkt man doch, was das für ein toller Unterricht gewesen sein muss.

Neugierde zu wecken, persönliche Bezüge herzustellen, Konsequenzen für das eigene Leben zu überdenken – das finde ich wichtig. Das kann auch in der Jugendgruppenstunde in der Pfarrgemeinde geschehen. Es gibt – und das sollten wir nicht unterschätzen – unter den getauften Jugendlichen 10 %, die engagiert sind und sich in den Gemeinden einsetzen. Einen so hohen Prozentsatz hat keine andere Organisation zu bieten!

Aber wo sind die jungen Menschen zu finden, wenn sie 20 oder 25 Jahre alt sind? Wo sind sie anzutreffen, wenn sie sich in der Berufsausbildung oder im Studium befinden?

Laurien:
Also, zunächst sollten wir nicht nur über die klagen, die wir nicht oder nicht mehr haben. Wir haben so viele! Wenn eine Partei 10 % engagierter junger Leute hätte – die würden vor Wonne über die Hürden springen. Wir sollten mit Leidenschaft unserer Freude Ausdruck geben, dass wir so viele junge Menschen in der Kirche haben. So viele wie kein anderer. Und: Eine Firma, die ich ständig madig mache, die zieht nicht an. Da haben kirchlich engagierte Jugendliche eine Untersuchung in den Gemeinden einer ganzen Diözese durchgeführt und herausgefunden: In ⅓ der Gemeinden gibt es keine Jugendgottesdienste, in ⅓ der Gemeinden nur einen Jugendgottesdienst pro Jahr und in ⅓ der Gemeinden „blüht alles". Die Jugendlichen haben das untersucht und daraus schließlich 14 konsequente Forderungen erarbeitet. Davon sind inzwischen zwölf vom hiesigen Ordinariat aufgenommen und genehmigt worden. Sogar Einrichtungen von Versuchsregionen mit besonderen Stellen. Das ist die Linie, die notwendig ist.

Sie fragen allerdings zu Recht, wo denn die jungen Erwachse-

nen im Alter zwischen 20 und 25 Jahren sind. Und ich gestehe: Der Hochschulbereich ist eines der dunkelsten Kapitel. Ich bin Beraterin der Deutschen Bischofskonferenz in der Kommission 8: Hochschule. Einem Gremium, in dem wir uns wirklich um die Hochschulpastoral Sorgen machen. Ich bin nicht nur immer wieder in Hochschulgemeinden eingeladen. Ich kenne mehrere Hochschulpfarrer auch persönlich. Tolle junge Menschen, die jedoch unglaublich von Vereinsamung bedroht sind. Menschen, um die wir uns ganz anders kümmern müssten. Denn es ist ja nicht so, dass da ein „verführerisches Weib" kommt und ihnen den Kopf verdreht, sondern da ist zuvor bereits eine große Leere, die dann gefüllt wird. Diese Hochschulseelsorger haben ja keine feste Gemeinde. Die Studentinnen und Studenten sind Pendler. Viele von ihnen wohnen zudem zu Hause.
In einer Universität, die ich mitbegründet habe, lud jetzt die Hochschulgemeinde ein. Da kamen zum ersten Mal viele Professoren zu einer solchen Veranstaltung. Einige von denen waren sogar katholisch: „normale" Professoren aus der Medizin, Physik, Biologie – alles hochrelevante Fächer für Lebens- und Glaubensfragen. Doch natürlich kommt ein solcher Professor normalerweise eben nicht zur Studentengemeinde und gibt dort sein Bekenntnis als Christ. Da müssen wir als Kirche ran und sie aus ihrem Schlaf wecken. Die jungen Menschen interessiert doch nicht, dass der Pfarrer erklärt, er sei fromm. Stellen Sie sich einmal vor, ein Professor eines anderen Fachbereiches erklärt denen: „Ich versuche als Christ zu leben." Das beeindruckt!

Ich erlebe das als Politikerin ganz oft, weil man in einem unglaublichen Vorurteil immer meint, Politik und Christentum würden nicht zusammenpassen. „Wie kannst du Politik machen und Christ sein?", werde ich immer wieder gefragt. „Wie kannst du Fußballer sein und Christ sein?" – das fragt keiner. Denn das findet man schick, wenn ein Sportler sagt, er sei Christ. Ich weiß aus einer Fülle solcher Gespräche, wie das Bekenntnis eines solchen Menschen zur Nachdenklichkeit führt. Das ist für junge Menschen eine ganz andere Brücke

hin zum Glauben – noch nicht unbedingt zur Kirchlichkeit. Aber das müssen wir heute auch unterscheiden.
Gleichzeitig müssen wir auch deutlich machen, wie wichtig eine Institution wie die Kirche ist. Ich brauche eine Institution, um eine Tradition weitergeben zu können. Die kann ich ändern oder belassen, wie sie ist. Aber es braucht ein Gehäuse. Kannst du Wein ohne ein Glas trinken oder ohne eine Hand? Nein. Man braucht also eine Form, die den Inhalt fasst.

Auch Hochschul- bzw. Studentengemeinden sind in diesem „Gehäuse" angesiedelt. Bieten sie gerade jungen Gläubigen einen Raum, wo über Glauben diskutiert werden kann, ohne sich dabei von kirchlichen Normen und Riten eingeengt zu fühlen?

Laurien:
Ja, so ist es. Das Gleiche gilt übrigens auch für die Akademien. Und noch eines möchte ich hinzufügen: Wenn Studentenpfarrer nicht sofort mit der „absoluten Rechtgläubigkeit" beginnen, dann sollten sie nicht sofort von uns attackiert werden. Da gilt es zu unterscheiden! Ich möchte das anhand eines Beispiels konkretisieren: Jungfrauengeburt. Es war in einer Diskussionsveranstaltung mit Eugen Drewermann, der mir unterschiedlichste Zitate des Weltkatechismus entgegenhielt, um sie zu kommentieren. Und schließlich fragte er mich, wie ich denn jungen Menschen das Zitat der Kirchenväter erklären könnte, Maria sei Jungfrau gewesen – vor der Empfängnis, in der Empfängnis, nach der Empfängnis, vor der Geburt, während der Geburt, nach der Geburt. „Was sagen Sie dazu, Frau Dr. Laurien?" Ich habe geantwortet: „Herr Drewermann, diese Fragestellung ist Ihrer doch nicht würdig. Sie wissen doch, dass unsere Kirche das ‚Evangelium', das das Vorhandensein des Hymen der Jungfrau Maria als Beweis für die Jungfräulichkeit einbrachte, als häretisch eingestuft hat, weil es eben keine Frage des Gynäkologen ist, sondern weil es hier doch darum geht, die unglaubliche Glaubenstatsache, dass Gott Mensch geworden ist, in der Sprache der Zeit aus-

zudrücken. Das war damals das Unglaubliche: eine Jungfrauengeburt.

Ich will ein einziges Fazit daraus ziehen: Wir müssten die Hierarchie der Wahrheit begreifen. Anstelle einer Diskussion, ob das Grab leer war oder nicht, sollten wir uns ernsthaft fragen, was Auferstehung eigentlich bedeutet. Was bedeutet es in unserem Leben, dass ER gegenwärtig ist? Das ist die Glaubenstatsache. Da muss ich mich nicht um Sekundärfragen wie die Jungfrauengeburt streiten.

Noch einmal zurück zum Thema „Schule". Was können Eltern von einer Schule in kirchlicher Trägerschaft erwarten, was sollten sie erwarten dürfen?

Laurien:
Zunächst sollte die Schule erwarten, dass die Eltern nicht nur Religionsunterricht erwarten, sondern eine entsprechende Lebensführung. Und von den Lehrern sollte erwartet werden dürfen, dass sie bereit sind, auch Fehler zuzugeben und sich sozial zu engagieren. Die Mehrzahl der katholischen Schulen sind meines Erachtens hierbei sehr vorbildlich. Deshalb sind sie ja auch so nachgefragt, obwohl die meisten Eltern diese nicht vor allem deshalb auswählen, damit ihre Kinder mündige Christen werden, sondern damit die Sekundärtugenden – vorrangig gute Manieren – eine stärkere Beachtung finden. Ich weiß, dass viele katholische Schulen nicht nur diese Tugenden in ihren Schülerinnen und Schülern erfolgreich geweckt haben. Und davon haben dann auch viele Eltern profitiert.
Ich kann nur sagen, in den katholischen Schulen ist ein Quell, den man überhaupt nicht hoch genug einschätzen kann.

In den neuen Bundesländern gehören ca. 5% der Menschen der katholischen Kirche an. Die Jugend wird häufig als unreligiös beschrieben. Haben aber nicht Sehnsüchte und Träume junger Menschen in Wirklichkeit eine „religiöse Qualität", die der Kirche auch in diesem Bereich einen Ansatzpunkt bieten? So beispielsweise die Sehnsucht nach Treue und Zuverlässigkeit, nach Orientierung und Halt, nach verlässlicher Partnerschaft, nach einem Angenommen- und Akzeptiertsein. Inwieweit kann Kirche an diese Gruppen herankommen und diese „schlummernden" religiösen Dimensionen ans Tageslicht befördern?

Laurien:
Die von Ihnen genannten „religiösen Dimensionen" sind ein hervorragender Ansatz, um mit den jungen Menschen ins Gespräch zu kommen. Deshalb kann man beispielsweise den Erfurter Bischof Wanke gar nicht hoch genug preisen. Da sind hervorragende Ansätze. Bereits vor dem Fall der Mauer hatte der Erfurter Bischof damit begonnen, am Heiligabend nicht nur die Christmesse für die Gläubigen anzubieten, sondern eine Stunde später eine „weihnachtliche Stunde". In der wird zwar nicht das Evangelium verkündet, aber es werden durchaus christliche Bemerkungen in die Feier eingebunden – auch ein bisschen Sentimentalität. Und es werden natürlich Weihnachtslieder gesungen. Das Ganze ist einfach etwas für das Gemüt. Gleichzeitig wird ein „Abholen" angeboten, das Fragen wecken kann. So etwas halte ich für ganz wichtig.

Sie haben einmal gesagt: „Den Menschen ist der Himmel verloren gegangen." Das Leben im Hier und Heute, das Jetzt-Genießen, die sofortige Sinnerfahrung – wie können wir gerade jungen Menschen heute überzeugend begreiflich machen, dass eine andere Sichtweise sehr lohnenswert für das eigene Leben sein kann?

Laurien:
Die Sehnsüchte werden tatsächlich im Hier geortet. Ich will glücklich werden. Hier. Ich will, dass mein Lebenspartner mich vom Hier erlöst. Nur: Das kann keiner. Mancher hat ein solches Ideal von Ehe, dass er sich eher scheiden lässt, als das Ideal aufzugeben. Die Überforderung im Hier und Heute, das ist das Problem. Und in diesem Zusammenhang kann ich gern Küng zitieren, dass nur derjenige, der an ein Absolutes über

dieser Welt glaubt, vor der Gefahr relativ geschützt ist, etwas auf dieser Welt absolut zu nehmen. Sei es die Partei, sei es die eigene Meinung, sei es der Besitz, sei es der Partner. Dann möchte ich Küng auch in seiner Meinung nachdrücklich zustimmen, dass Moslems, Christen und Juden, die an einen personalen Gott glauben, diejenigen sind, die diese Wirklichkeit zur Sprache bringen müssen. Die drei Abraham-Religionen müssen mit Nachdruck zur Geltung bringen, dass Religion eben nicht Privatsache ist. Wenn der Bundeskanzler die Eidesformel ohne Berufung auf Gott abgibt, dann ist das seine Sache – und das kann sogar höchst ehrenwert sein, denn „ihr sollt nicht schwören". Das habe ich nicht zu hinterfragen. Aber wenn er dann den Satz sagt, Religion sei Privatsache, dann ist nicht nur der schlafende Christ, sondern der schlafende Staatsbürger zu wecken. Religion in diesem Sinne ist öffentlich. Das müssen die drei Abraham-Religionen deutlich machen. Das ist für mich ein unglaublicher Auftrag. Es mündet in die Einsicht, dass ich nur dann, wenn ich ein Absolutes über dieser Wirklichkeit akzeptiere, ein wenig vor der Gefahr geschützt bin, etwas im Hier und Heute zu verabsolutieren. Das ist für die Mäßigung und für den Standpunkt ganz wichtig. Dann wird Toleranz nicht etwas Müdes und Mattes, sondern etwas höchst Anstrengendes. Du hast eine Meinung – ich habe eine Meinung. Wir sind auch bereit, unsere Meinung zu wandeln. Aber jeder von uns kann in seinem Glauben einen Absolutheitsanspruch akzeptieren. Nur: Den generalisiere ich nicht. Ich begegne dir nicht mit dem Absolutheitsanspruch, weil es etwas ist, was mir gilt.

Die Wirklichkeit vieler Jugendlicher wird heute sehr stark durch die Medien bestimmt – und erlebt. Immer weniger wird selbst erfahren. Sehen Sie hierin eine besondere Herausforderung für die schulische Erziehung der jungen Menschen?

Laurien:
Schulen müssen dem sehr energisch begegnen – und vielfach tun sie es bereits. Die Schulen sind da meines Erachtens viel besser als ihr Ruf. Manchmal führen sie das natürlich auch zu

weit – dann gibt es da nur noch Kuschelecken. Wichtig ist: Es muss systematisch Ersterfahrung vermittelt werden. Früher etwa, wenn die Wäsche anstand, dann waren alle Kinder selbstverständlich dabei, haben alles mitgemacht und miterlebt – und bekamen besonders dicke Schnitten mit. Sie spürten, dass sie gebraucht werden.
Heute drücke ich ja auch mit Vergnügen auf die Knöpfe an den Geräten. Aber: Ich muss den jungen Menschen auch weiterhin die Erfahrung vermitteln, dass sie gebraucht werden. Das kann beispielsweise im Schulorchester geschehen, in der Theatergruppe, beim Picknick in der Familie, bei der Studienfahrt. All das vermittelt Ersterfahrung und ist daher lebenswichtig. Kürzungen durch Parlamente in diesen Bereichen sind einfach falsch und überflüssig.
Ich mache einmal eine eitle Bemerkung: Hier in Berlin gab – und gibt – es einen ganz tollen Studiendirektor, Stollenberg, der sich für „Darstellendes Spiel" einsetzte. Als Politikerin habe ich in der Kultusministerkonferenz – durch seinen Antrieb – durchgesetzt, dass „Darstellendes Spiel" in Berlin bis zum Abitur ein in den Punkten zählendes Fach ist. Das ist für mich beispielsweise ein wichtiges Stück dieser „Primärerfahrung". Ich lerne als Schüler die Sprache, ich lerne den Bezug von Kostümen, Dekorationen u. ä. Ich lerne Sozialverhalten. Wenn ich während des Spiels stecken bleibe, dann blamiere ich alle anderen. Wenn ich nachlässig zimmere, kracht die Decke zusammen, usw. Das sind für mich Grunderfahrungen. Darstellendes Spiel ist insofern noch wichtiger als ein Zusammenspiel im Orchester – so sehr ich Musik liebe, weil da ja nur die Fähigen zusammen sind. Da sind Schulen auf dem richtigen Weg.

Welche Herausforderungen sehen Sie für die kirchliche Jugendarbeit in den kommenden Jahren – für die jungen Menschen, die Jugend- und Kindergruppen in den Gemeinden leiten?

Laurien:
Es stehen ganz enorme Herausforderungen an. Zunächst müssen sich diese Jugendlichen überlegen, warum sie das ei-

gentlich tun. Nur weil sie „Chef“ sein wollen in der Jugendgruppe? Es muss ihnen klar sein, warum sie eigentlich ihren Glauben weitergeben wollen. Glauben, der ihrem Leben ja anscheinend etwas bedeutet. Das ist die Grundvoraussetzung. Dann müssen sie es auch wagen, andere anzusprechen – „Mensch, komm doch einmal zu uns, das ist eigentlich ganz flott“.

Ich habe in meiner Zeit als Schulsenatorin in Berlin 214 Schulen anhospitiert. Da kommt ein Junge aus einer Gruppe auf mich zu und sagt: „Frau Laurien, in bin in unserer Pfarrei Ministrant.“ Das hörten alle seine Mitschüler. Daraufhin sagte ein hinter ihm sitzendes Mädchen: „Und ich bin Ministrantin – wir sind modem.“ Schließlich fragte ein Dritter: „Wat is'n det, Ministrant?“ In einer anderen Schule trat ein Schüler ganz leise an mich heran, um mir Gleiches zu sagen. Und da sehen wir die Aufgabe der Jugendarbeit: Courage zu wecken. Andere anzusprechen. Vertrauen in sich selbst zu gewinnen. Andere zu sich einzuladen.

Als junger Mensch brauche ich jedoch – gerade in der Diaspora – nicht nur Courage. Ich brauche auch eine Gruppe Gleichgesinnter, um in der Kirche „heimisch“ zu werden.

Laurien:
Da schneiden Sie noch etwas an, was mir sehr wichtig erscheint. Saint-Exupéry schreibt im „Flug nach Arras“, wie er mit seinem Flugzeug durch die Nacht fliegt und unter sich einen Leuchtturm sieht. Und er denkt sich: Wie schön der leuchtet, aber er ist doch sehr allein. Er fliegt ein Stück weiter und sieht wieder einen Leuchtturm. Und schließlich noch einen. Wenn diese Leuchttürme voneinander wüssten, so denkt er, dann wären sie nicht mehr einsam.
Und genau das ist auch die Aufgabe von kirchlicher Jugendarbeit: Die Leuchttürme einander begegnen zu lassen. Der eine ist in seiner Schulklasse vielleicht allein, aber er kann entdecken, dass da noch jemand ist.

„Der Einzelne zählt – egal wo!", so lautet das Motto des Bonifatiuswerkes der deutschen Katholiken …

Laurien:
… das mir natürlich gut bekannt ist – beispielsweise aus meiner Arbeit in und für kirchliche Einrichtungen. Das Bonifatiuswerk bedeutet für mich heute vor allem: Zeichen setzen in einer säkularen Welt. Christinnen und Christen in den Diaspora-Regionen Möglichkeiten geben zum Bekenntnis. Das ist und bleibt eine unglaublich wichtige Aufgabe.

Im Gespräch: Dieter Thomas Heck

Moderator, Sänger, Entertainer

„Mehr Zeit für Kinder nehmen!“

Seit nunmehr 30 Jahren schreibt Dieter Thomas Heck Fernsehgeschichte. Seine Stimme und seine unverwechselbare Art sind der Nation vertraut. Was aber spielt sich „hinter der Kulisse“ des Entertainers ab?
Im Interview spricht der gebürtige Flensburger offen über prägende Kindheitserlebnisse und den besonderen Wert des Religionsunterrichts.
Vorhang auf für Dieter Thomas Heck.

Herr Heck, Sie haben ein besonderes Verhältnis zu Ihrem Vater gehabt.
Was war er für ein Mann – und was hat er Ihnen an Charaktereigenschaften mitgegeben?

Heck:
Mein Vater war ein ungeheuer zuverlässiger Mann. Ein Vater, auf den man sich 100%ig verlassen konnte. Er war jemand, der in seiner ganzen Ausstrahlung sehr gütig war und auch in schweren Stunden zu seinen Freunden gestanden hat. Er war meines Erachtens eine wirkliche Persönlichkeit. Eine Persönlichkeit, die man heute manchmal lange suchen muss. Also: ein wirklicher Vater. Ich konnte mit allen Fragen und Nöten zu ihm kommen. Er hatte immer ein offenes Ohr. Und ich denke, dass er mir diese Offenheit anderen Menschen gegenüber mitgegeben hat.

Ich übe ja einen Beruf aus, der das Privatleben nicht gerade unberührt lässt. Man bekommt viel von den Kollegen und ihren Problemen mit, wo bspw. die Kinder plötzlich in furchtbare Drogen-Geschichten abrutschen. Das führt mir immer wieder vor Augen, wie wichtig es ist, sich Zeit für die eigenen Kinder zu nehmen. Und ich habe immer versucht, mir Zeit für sie zu nehmen. Viele Eltern nehmen sich diese Zeit heute nicht mehr. Es ist einfach nicht damit getan, dass ich sage: „So, hier hast du 50,- Euro. Damit kannst du in die Disco gehen. Denn ich hab jetzt keine Zeit. Du siehst, ich hab zu tun." Das kann es nicht sein. Wenn ich viel zu arbeiten habe, dann muss ich eben abends eine Stunde länger aufbleiben. Aber ich darf niemals ein Kind wegschicken und sagen: „Ich hab jetzt keine Zeit für dich!". Diese Zeit muss da sein. Und wenn ich mal dringend wegmuss, dann kann ich zumindest meinen Rückruf zusagen. Zeit zum Miteinanderreden muss da sein. Und das war auch bei meinem Vater immer der Fall, obgleich auch er viel unterwegs war. Wir haben oft auch per Telefon über die anliegenden Dinge gesprochen. Aber wir haben gesprochen. Und das ist das Entscheidende.

Sie betonen immer wieder, dass Ihnen Ihre Familie sehr viel bedeutet.
Kann ein überaus beschäftigter, „umtriebiger" Moderator und Sänger so etwas ohne schlechtes Gewissen sagen?

Heck:
Ja, ich denke schon, weil es immer eine Lösung gibt, wie man die Dinge auf die Reihe bekommt. Auch wenn es schwierig ist. Ich kann auch bei einer wichtigen Verpflichtung nicht einfach sagen, ich habe keine Zeit für meinen Sohn und seine Probleme. Dann kann ich entweder per Telefon versuchen zu helfen. Oder ich schlage ihm vor: „Also, pass auf mein Junge. Ich bin da und da. Ich zahl dir die Reise. Komm dahin. Dann sprechen wir drüber." Das wäre auch eine Möglichkeit. Wir haben alle unsere festen Termine – das ist in meinem Beruf ganz sicher nicht anders als in anderen Berufen auch. Aber die Möglichkeit zum Gespräch gibt es immer. Das halte ich für ganz wichtig. Ich halte es sogar weltweit für sehr wichtig, dass Menschen miteinander reden. Dass Menschen nicht zur Waffe greifen, sondern Probleme besprechen.

Wenn man allerdings sieht, was da am 11. September 2001 in Amerika passiert ist – da hilft wahrscheinlich auch das Sprechen nicht mehr viel ... Mit solchen Menschen kann man nicht mehr reden. Und das hat ja auch fast – Entschuldigung – mit Menschen nichts mehr zu tun. Das ist einfach *unmenschlich*. Und besonders tragisch ist es, den Namen Gottes hinzuzuziehen. Das Wort „Gotteskrieger" ist beispielsweise eine so schlimme Wortschöpfung – und nicht zu Unrecht zum „Unwort des Jahres" gewählt worden.

Der eigene Charakter wird nicht nur durch die Erziehung geprägt, sondern auch durch Lebenserfahrungen. Ein sehr einschneidendes Erlebnis – Ihre Sprachbehinderung, ausgelöst durch eine dreitägige Verschüttung im Krieg – haben Sie mit viel Willenskraft gemeistert. Wie sehr hat Sie dieses Erlebnis geprägt? Gibt es innere Narben, die Ihnen geblieben sind?

Heck:
Es war sehr einschneidend! Kinder können sehr brutal sein. Brutaler noch, als es Erwachsene oftmals sind. Wenn Ihnen als Kind und Jugendlicher die Mitschüler oder später Lehrlinge ein „Stotterheini" hinterherrufen, dann ist das quälend.
Oder du willst dem ersten Mädchen in deinem Leben sagen „Du haaaaaaast schschschöne AAAugen" – und das Mädchen lacht nur, dann vergessen Sie das nie. Dann tut das ungeheuer weh.

Auf der anderen Seite nimmt man dann aber auch die Erfahrung mit, dass man sich selbst aus dem Sumpf ziehen kann. Und so habe ich es ja auch gemacht, indem ich abends unter der Bettdecke laut gelesen habe. Mein Vater kaufte mir später ein Tonbandgerät von Grundig, um die eigene Stimme aufzunehmen und kontrollieren zu können. Das Gerät steht heute noch in meiner Wohnung, sozusagen als Andenken. Und ich habe ein Gesangsstudium begonnen, um eine richtige Atemtechnik zu erlernen.
Natürlich vergisst man diese Verschüttung nie. Das Ganze war ein Schock: drei Tage allein unter Trümmern, nur den Teddybär im Arm und auf Rettung wartend. Draußen waren alle Leute am Schaufeln, aber sie bekamen mich nicht raus, weil die Eisenträger über mir lagen. Das ist eine Geschichte, die man behält.

Aber auch andere Erfahrungen sind natürlich „hängen geblieben", beispielsweise die erste Begegnung mit einem amerikanischen Soldaten, der mir ein Stück Weißbrot gab. Ich kann seit dieser Zeit, dieser überaus harten Zeit, in der wir Steckrüben auf dem Ofen geröstet haben, bis zum heutigen Tage kein Stück Brot mehr wegwerfen. Wie oft steht man heute irgendwo an der Würstchenbude und hat dann noch so ein „pappiges" Stückchen Weißbrot übrig. Aber ich kann es einfach nicht wegschmeißen. Ich könnte nie die Mülltonne aufmachen und ein Stück Brot hineinwerfen, weil ich in der selben Sekunde denke, genau in diesem Augenblick verhungern

Menschen auf der Welt. Und wir schmeißen hier in Deutschland ganze Fuhren von Essen weg.
Wenn ich an kalten Büfetts stehe und sehe, was sich die Menschen da zum Teil auf ihre Teller schaufeln, nicht aufessen und dann stehen lassen, dann kann ich denen doch nur sagen: „Wenn Sie nachher noch Hunger haben, dann gehen Sie doch noch einmal hin, bevor Sie gleich die Hälfte wegwerfen." Denn das wäre eine Mahlzeit für einen Menschen, der vor Hunger nicht in den Schlaf kommt.

In Ihren Erinnerungen berichten Sie von einem kleinen Amulett mit dem Bildnis der hl. Jungfrau Maria, das Ihr Vater während des Krieges von einer Äbtissin geschenkt bekam und das nach seiner glücklichen Rückkehr dann plötzlich unauffindbar war.
Welche Gefühle hat diese Geschichte in Ihnen geweckt? Glauben Sie an einen Schutzengel?

Heck:
Es war tatsächlich so: Mein Vater war abends ins Bett gegangen und am nächsten Tag war dieses Amulett, was er lange getragen hatte, verschwunden. Einfach so. Meine Eltern haben das ganze Bett auseinander genommen, den Raum auf den Kopf gestellt. Aber dieses Ding war weg. Also, diese Geschichte hat mich jedenfalls sehr berührt und dazu gebracht, an einen Schutzengel zu glauben. Denn die Äbtissin hatte meinem Vater dieses Amulett ja zum Schutz umgehängt und zu ihm gesagt „Ich bete für Sie". Und mein Vater ist unbeschadet durch die ganzen Kriegswirren gegangen. Und dann kommt er nach Hause, legt sich ins Bett – und das Amulett ist weg.
Es ist nie wieder gefunden worden. Und halten wir uns das mal vor Augen: Was ist ein Bett gegen einen Schützengraben, gegen das Rein- und Rausspringen, Hochspringen, Weglaufen, Klettern? Doch in dieser Zeit ist es nicht von ihm gewichen – erst in der Zeit der Sicherheit, im eigenen Bett.

Angesprochen auf Ihren Glückbringer sagten Sie einmal: „Ich glaube an Gott, nicht an den Talisman." Würden Sie sich als einen religiösen Menschen bezeichnen? Wer hat Sie in dieser Hinsicht am meisten geprägt?

Heck:
Ja, ich bin ein religiöser Mensch. Obgleich ich nicht jeden Sonntag in die Kirche gehe. Aber ich bin ein gläubiger Mensch, der jeden Tag betet. Das hab ich als Kind von meiner Mutter gelernt ... und das mache ich auch heute noch. Sie hat mich religiös geprägt. Denn mein Vater war ja im Krieg. Wir beteten jeden Abend, dass Papa heil nach Hause kommt. Und wir haben Oma, Opa, Freunde und Verwandte in unser Gebet eingeschlossen.

Heute habe ich zur Kirche ein zwiespältiges Verhältnis, weil ich denke, dass sie viel lernen muss. An unserem 25-jährigen Hochzeitstag hat ein Freund von mir, ein Dominikanerpater aus Berlin, in unserem Gottesdienst eine hervorragende Predigt gehalten. Eine Predigt, die berührt und anspornt. Da habe ich gedacht: Wenn es mehr von ihm geben würde, dann wären die Kirchen nicht so leer. Er ist auf der einen Seite ein sehr religiöser, von seinem Glauben überzeugter Mensch – sonst würde er ja auch nicht in einem Kloster leben. Auf der anderen Seite ist er ein Mensch „zum Anfassen", mit dem man abends ein Bierchen trinken gehen kann. Wenn man Pater Bernhard abends in Jeans, kariertem Hemd und Weste sieht, dann würde kein Mensch auf die Idee kommen, dass er Mönch ist. Und ich denke, diese wohltuende „Weltlichkeit" fehlt der Kirche heute vielfach.

Sie sind seit mehr als 25 Jahren mit Ihrer Frau Ranghild („Hildchen") verheiratet und bezeichnen Ihre Ehe als ein „Geschenk des Himmels". Glauben Sie an eine gewisse „Lenkung" in Ihrem Leben?

Heck:
Ich glaube schon, dass es etwas gibt, was vorherbestimmt ist. Denn wir alle begegnen ständig Frauen oder Männern, die

uns gefallen. Aber dabei bleibt es dann auch. Bei anderen Menschen hingegen fängt unser Herz erst richtig an zu schlagen, wir kriegen so ein richtiges „Primaner-Bubbern“, der Hals wird trocken und wir denken: „Oh Gott, was ist denn jetzt passiert?“ So war es auch bei meiner Frau Ranghild. Ich glaube nicht, dass diese Begegnung „nur“ ein Zufall war ...

Wenn man in Ihren Erinnerungen liest, dann ist häufig die Rede von Dankbarkeit: Ihre Dankbarkeit gegenüber Förderern – aber auch Dankbarkeit von Menschen, denen Sie helfen konnten. Wie gehen Sie mit fehlender Dankbarkeit um?

Heck:
Man erwartet natürlich Dankbarkeit, wenn man sich für einen Menschen eingesetzt hat. Und es tut dann weh, wenn man von Leuten, für die man sich sehr engagiert hat, nicht mal mehr eine Weihnachtskarte bekommt. Vielleicht liegt es an unserer Zeit? Sie ist schon unglaublich schnelllebig geworden. Viele zeigen heute eine ganz andere Haltung. Das „demütig sein können“ gibt es ja heute kaum noch. Wer gibt schon noch zu, dass man diese oder jene Dinge letztlich anderen Menschen verdankt? Und wer gibt schon zu, dass auch viel Glück dabei sein kann. Also, ich habe ein ungeheures Glück in meinem Leben gehabt. Natürlich auch viel Arbeit – aber es gehört immer auch Glück dazu. Ich bin sicher, dass es viele andere Kollegen gibt, die dasselbe könnten, was ich kann, denen aber in bestimmten Phasen das Glück gefehlt hat. Da bin ich ganz sicher.

Und es gehören Menschen dazu, die einem unter die Arme greifen und Mut machen: „Du kannst es schaffen!“ Deshalb sollten wir niemals die Menschen vergessen, die uns auf unserem Weg geholfen haben – und ihnen dankbar sein. Es gibt das schöne Sprichwort: „Vergiss nie die Menschen, die dir beim Aufstieg geholfen haben. Bist du am Abstieg, begegnest du ihnen wieder.“ Da ist – so meine ich – viel Wahres dran. Man sollte nie vergessen, wer einem bei den einzelnen Sprossen der Leiter geholfen hat.

Unsere Gesellschaft wird nicht nur „schnelllebiger", sie wird – so eine Untersuchung des Allensbacher Instituts – auch egoistischer. Es interessiert allein das unmittelbare persönliche Umfeld. Sinnfragen oder gesellschaftliche, politische Entwicklungen interessieren heute weit weniger als vor zehn Jahren. Leben wir in einer „ungeistigen", unkritischen Zeit?

Heck:
Die Gesellschaft ist sicherlich unkritischer geworden. Wer geht schon noch den Dingen auf den Grund? Vielleicht liegt es daran, dass heute kaum noch jemand ein Buch liest. Verschenken ja – aber selber lesen? Oder wer macht sich wirklich Gedanken über bestimmte Themen?

Und das fängt eigentlich schon im Kleinen an: Wenn ich sehe, dass viele Kollegen von mir die Briefe, die Sie von Zuschauern erhalten, nicht mal mehr beantworten, sondern gleich in den Papierkorb werfen, dann zeigt das doch deutlich die Einstellung und das Interesse an der Meinung des anderen. Ich beantworte jeden Brief, weil ich mir sage, da hat sich jemand hingesetzt und hat mir etwas geschrieben. Das ist manchmal schwer zu beantworten, weil da unglaubliche Fragen auf mich zukommen. Und trotzdem versuche ich den Menschen zu vermitteln: Deine Gedanken sind bei mir angekommen! Und das ist wichtig.

Doch noch zum Gedanken der Selbstbezogenheit und des Egoismus: Wenn Sie mal sehen, wie viele Freizeitangebote es heute gibt. Wie viele Leute sagen sich: „Um 17 Uhr fällt bei mir der Griffel" und dann geht's ab ins Sportstudio – was ja an sich eine gute Sache ist. Auf der anderen Seite ist aber sofort der Neid da, wenn der Nachbar mit einem neuen Auto vorfährt. Dass der aber auch erst Stunden später aus dem Geschäft kommt und abends erst um 21 Uhr zu Hause ist, interessiert überhaupt nicht. Da entsteht sofort Neid. Und Neid ist eine furchtbare Krankheit. Die ist in Deutschland weit verbreitet. Wie viele Menschen doch bei uns um 17 Uhr den

Löffel fallen lassen und nicht sagen: „Ich mach die anstehenden Sachen noch eben fertig – dann geht's morgen effektiver weiter."

Also, der Fleiß ist ja auch so ein Punkt. Wir Deutschen waren immer die Fleißigsten, die es überhaupt gab. Das hat sich meines Erachtens deutlich verändert. Heute gehen wir lieber in irgendwelche Freizeitclubs und sitzen abends in der Kneipe und lassen uns voll laufen. Dass sich der Nachbar aber ein Haus baut, weil er zielstrebig darauf hingearbeitet hat – das können die gar nicht verstehen. Es gibt in der Schweiz die Eidgenossenschaft. Wir hier in Deutschland haben oft eine „Neidgenossenschaft"...

Bessere Lebensbedingungen und medizinischer Fortschritt haben die Lebenserwartung in den vergangenen Jahren steigen lassen. Trotzdem scheint das Thema „Alter" noch immer verdrängt zu werden. Sie sagen: „Ich bin jemand, der sehr gut alt werden kann." Welche sind für Sie die positiven Aspekte des Alters? Haben Sie keine Angst davor?

Heck:
Nein, Angst vor dem Alter habe ich nicht. Im Alter kann man so viele Dinge machen, die während des Berufslebens aufgrund des Stresses gar nicht möglich sind. Ich werde garantiert mit 65 Jahren nicht zu Hause sitzen und sagen: „So, jetzt mach ich gar nichts mehr." Ich werde immer etwas machen, weil es anders gar nicht ginge. Ich kann nicht nur noch zu Hause sitzen, morgens mit dem Hund spazieren gehen, nachmittags ein Buch lesen und abends ein Bier trinken. Dieser Gedanke wäre schrecklich. Aber vielen Menschen genügt das anscheinend. Und darum werden die auch viel schneller älter. Ich sehe heute beispielsweise zehn Jahre jünger als meine Volksschulkameraden aus. Also: Der Beruf kann auch durchaus jung halten!

Wird man mit den Jahren „ruhiger“?

Heck:
Ach, das möchte ich nicht sagen. Ich kann mich auch heute noch wunderbar aufregen – und das ist ja auch gut für den Kreislauf. Ich hasse Dilettanten, denen alles irgendwie egal ist. Und leider werden die immer mehr. Wie viele Nachwuchskräfte kommen heute in die Showbranche hinein, die sofort alles besser wissen – aber keine wirkliche Ahnung haben, weil ihnen die Erfahrung fehlt. Und die können sie ja auch noch nicht haben. Aber dann erwarte ich wenigstens, dass sie zuhören können und Bereitschaft zum Lernen zeigen.

Es gibt auch nur ganz wenige Journalisten, die – wie Sie heute – so gut vorbereitet in unser Gespräch kommen. Da sind meines Erachtens viel zu viele Leute, die diesen Beruf nicht mehr kennen oder nicht anspruchsvoll ausführen. Und die Ethik im Journalismus geht doch den Bach runter. Da erzähl ich irgendwas – und der andere denkt nur: „Na, die Story werde ich mal ein bisschen ausschlachten – so, dass es noch spannender wird.“ Ob das dann noch mit der Wirklichkeit zu tun hat, ist anscheinend häufig nebensächlich. Also, da wird einfach etwas geschrieben, was man nie gesagt hat. Und wenn es erst gedruckt ist, ist es eh zu spät …

Vielfach ist heute die Rede davon – nicht nur mit Blick auf Fußball und Politik –, es gäbe immer weniger wirkliche Persönlichkeiten.
Was zeichnet Ihres Erachtens Persönlichkeiten aus?

Heck:
Persönlichkeit heißt: Dass jemand da ist, wenn er reinkommt. Es gibt ja Menschen, da geht die Tür auf – aber es kommt keiner rein. Persönlichkeit entwickelt sich meines Erachtens im Frühstadium, bereits mit der Geburt. Sie wird wirklich „mit in die Wiege gelegt“, wie man so schön sagt. Und natürlich

entwickelt sich der Mensch dann auch weiter mit dem, was er tut. Die Erziehung stärkt die eigene Persönlichkeit.

Sie engagieren sich mit Gala-Spenden-Shows im Fernsehen für Not leidende Kinder und behinderte Menschen. Was bedeutet Ihnen die Verbindung von Beruf und sozialem Engagement?

Heck:
Es ist doch eine tolle Kombination, wenn ich mit einem unterhaltsamen Abend zugleich auch helfen kann! Und jedes Mal ist die Angst wieder dabei: Schaffst du das gleiche Spendenergebnis wie beim letzten Mal? Und wenn man dann wieder ein gutes Ergebnis erreicht hat und weiß, welche Hilfe damit geleistet werden kann, dann ist das eine große innere Befriedigung. Denn natürlich spielt auch der Aufbau der Sendung, die Art und Weise der Moderation und die Auswahl der Interpreten eine erhebliche Rolle. Den richtigen Ton zu treffen und das Herz und die Geldbörse der Zuschauer „zu öffnen" ist nicht immer einfach. Und wenn es dann gelungen ist, dann muss ich sagen, ist das eine große Belohnung für die ganze Arbeit, die man sich gemacht hat.

Vom „sozialen Engagement" zum Ehrenamt: Das freiwillige soziale Engagement ist in Deutschland (18 %) – im Vergleich mit anderen europäischen Ländern (27 %) – deutlich unterentwickelt. Fehlt dem Ehrenamt in Deutschland die soziale Anerkennung?

Heck:
Ja, das ist sicherlich der Fall. Vielen ist es wichtiger, abends in einen Freizeitclub zu gehen oder in eine Kneipe, als sich in einem Verein zu engagieren – z. B. in der Freiwilligen Feuerwehr. Also irgendetwas zu machen, um zu helfen. Und es gibt so unendlich viele Möglichkeiten, etwas zu tun. Das Bonifatiuswerk der deutschen Katholiken als Diaspora-Hilfswerk ist eine davon. Nur: der geistige Grundstein muss dafür in der Erziehung gelegt werden. Zu Hause und in der Schule. Wenn

wir den Kindern schon deutlich machen, wie schön Helfen sein kann und was es bewirkt, dann wird das nicht ohne Folgen bleiben. Dann wird ein 15-Jähriger vielleicht mal sagen: „Ich gehe heute nicht in die Disco, sondern ich gehe einmal die Woche zu einem Verein, der etwas Gutes tut."

Mit diesem Gedanken müssen wir bei den Kleinsten in der ersten Klasse anfangen. Das geht nicht von heute auf morgen. Und da sind des Weiteren natürlich die Lehrer sehr gefordert – die es ja heute auch nicht gerade einfach haben.

Persönliche Anerkennung – die erfährt man vor allem innerhalb der Familie und im Freundeskreis. Sie sagen: „Ich glaube noch an echte Freundschaften."
Was ist eine echte Freundschaft?

Heck:
Einen echten Freund kann ich nachts um vier anrufen, wenn ich Probleme habe und seit Stunden auf der Bettkante sitze und heule. Es ist einer, der mir zuhören kann, sich die Zeit nimmt. Das sind echte Freunde. Und davon hast du, wenn es hoch kommt, zwei.

Echte Freunde können manchmal auch sehr direkt sein …

Heck:
Ja, das dürfen und das sollen sie auch!

Aber Sie sagen von sich selbst, dass Sie Kritik verhältnismäßig schlecht wegstecken können. Welche Art von Kritik berührt Sie denn besonders?

Heck:
Vor allem unsachliche Kritik. Oder Kritik zum falschen Zeitpunkt. Wenn ich beispielsweise von der Bühne komme, dann kann ich in dem Moment erst mal nur Positives vertragen. Ich weiß selbst sehr genau, ob ich gut oder schlecht war. Mal fiel mir der Titel nicht ein, mal hatte ich einen Versprecher. Man

hat es zwar gut überspielt, aber es nervt eben doch. Oder man hat bei einem Interview die Frage vergessen oder verdreht, hat nicht richtig zugehört. Wenn dann auch noch jemand kommt und sagt: „Das war aber nicht doll heute Abend, Herr Heck" – dann könnte ich diesen Kritikern den Hals umdrehen. Obwohl sie natürlich Recht haben mögen ... Aber man kann nicht jeden Abend gleich gut sein. „Nur das Mittelmaß ist ständig in Höchstform", heißt es so schön.

Hat Sie der berufliche Erfolg sensibler gemacht?

Heck:
Auf jeden Fall! Und das gilt auch für die eigene Betrachtung. Ich bin selbstkritischer geworden und eigentlich nie 100 % mit mir zufrieden. Wenn mir jemand sagt, es sei ein toller Abend gewesen, ohne jedoch die vielen Fehler bemerkt zu haben, dann ärgert mich nicht nur das eigene Unvermögen bei der Moderation – sondern auch noch die oberflächliche Kritik des anderen.

Freundschaften basieren auf Werten wie Aufrichtigkeit und Rücksichtnahme, die durch die Erziehung weitergegeben werden. Erziehung in der Familie, aber auch in der Schule. Für wie wichtig halten Sie den Religionsunterricht bezüglich der Wertevermittlung an die junge Generation?

Heck:
Den Religionsunterricht halte ich für überaus wichtig!
Ich bin beispielsweise als Protestant in Hamburg groß geworden. Wie kann ich verstehen, was ein katholischer Christ denkt, wenn ich nicht mal den eigenen Glauben kapiere? Es ist – aus meiner Sicht – beispielsweise wichtig, dass man Kindern vermittelt, was Martin Luther mit seinen Thesen gemeint hat. So was muss ich den Schülern erklären. Je eher man die Jungen und Mädchen an den Glauben – und damit auch an die Unterschiede der Religionen – heranführt, desto geringer werden später die Vorurteile anderen Religionen gegenüber sein. Wenn wir wissen, *warum* andere Menschen

wie glauben, dann entsteht gegenseitiger Respekt. Dann wird keiner mehr sagen: „Alle Moslems sind schlecht" oder „Die Katholiken dürfen hier nicht zur Schule gehen".
Diesen Verallgemeinerungen muss man bereits in der Schule deutlich entgegentreten – und der Religionsunterricht kann da entscheidend sein.

Wenn man heute in den Nachrichten sieht, welche irren Vorurteile und welche Gewalt beispielsweise in Nordirland zwischen gewissen protestantischen und katholischen Bewegungen vorherrschen – da kann man sich doch nur an den Kopf fassen! Wer hingegen Menschen in jungen Jahren zueinander führt – auch geistig gesehen, sorgt dafür, dass sie nicht Steine aufeinander werfen. Weil sie sich kennen mit ihren Eigenarten. Weil sie genau wissen, dass die Unterschiede zwischen katholischen und evangelischen Christen gar nicht so groß sind.
Für mich gibt es eigentlich nur den einen beachtlichen Unterschied: Der katholische Gottesdienst ist wesentlich feierlicher als die evangelische Messe …

Wenn man auf Ihr bisheriges Leben zurückblickt, ist immer wieder die Rede davon: „Er ist sich selbst treu geblieben"…

Heck:
Weil ich nicht alles mitmache, sondern nur das, was inhaltlich zu mir gehört. Beispielsweise habe ich das Angebot abgelehnt, eine internationale Hitparade zu moderieren. Da habe ich gesagt: „Das passt nicht zu mir. Seid mir nicht böse, aber das ist nicht mein Ding."
Das bedeutet für mich „sich selbst treu bleiben".

Im Gespräch: Fürstin Gloria von Thurn und Taxis

„Gott nicht ins Handwerk pfuschen!"

„Kommen Sie doch zum Abendessen vorbei!" Die herzliche Einladung der Fürstin war nur ein Vorbote dessen, was ich an einem warmen Sommerabend im Garten des Schlosses Garatshausen am Starnberger See erleben sollte: eine natürliche, offene und gut informierte Fürstin. Im Gespräch äußert sich die dreifache Mutter couragiert zu Stammzellenforschung und kirchlicher Lehre – ohne dabei einen kritischen Blick auf das eigene Leben zu scheuen.

Verehrte Fürstin, Sie sind seit Ihrer Heirat im katholischen Regensburg verwurzelt und leben zeitweise im katholischen Rom. Haben Sie Diaspora-Nöte selbst einmal kennen gelernt?

Fürstin von Thurn und Taxis:
Nicht wirklich. Denn ich bin als Kind im einem muslimischen Land, in Somalia, aufgewachsen. Selbstverständlich ist dort eine extreme Diaspora-Situation – aber als Kind sind einem die damit verbundenen Nöte natürlich nicht bewusst. Ich lebte damals in einem Internat in Mogadischu, das von Benediktinerinnen geleitet wurde.
Nichtsdestotrotz weiß ich heute natürlich, was die Diaspora für Christen bedeutet. Ich denke da nur an meine Urlaube in Nordeuropa. Da muss man schon viel Glück haben, um als Tourist am Sonntag in eine katholische Kirche gehen zu können.
Also, diese „Nöte der weiten Wege" und des „Alleinseins" kann ich schon gut nachempfinden.

Mit 20 Jahren sind Sie als „junge Braut" zu Ihrem Mann nach Regensburg gezogen. Das Durchschnittsalter der Heiratswilligen liegt heute bei etwa 30 Jahren. Ist man mit 20 reif für die Ehe?

Fürstin von Thurn und Taxis:
Dass die Menschen heute später heiraten, liegt zunächst sicherlich einmal daran, dass sie heute eben vielfach studieren und durch das Studium auf eine spätere Berufstätigkeit vorbereitet werden. Und wenn ich studiert habe, dann will ich meinen Beruf ja auch kennen lernen, ihn irgendwie ausprobieren und auskosten. Wofür studiert man sonst?

Früher war das sicherlich anders. Zu früheren Zeiten hat eine Frau eben nicht selbstverständlich studiert, nicht unbedingt einen Universitätsabschluss gehabt. Sie wurde erzogen, um zu heiraten, Kinder zu kriegen und sich anschließend zu Hause um das „Management" zu kümmern. Und genau das ist ja nun in den vergangenen 20 Jahren doch ziemlich in Verruf geraten. Man hat diesen Frauen das Gefühl gegeben, sie seien Menschen zweiter Klasse. Hinzu kommt, dass man inzwischen durch den gestiegenen Konsum und die hohen Lebenshaltungskosten ja fast gezwungen ist, berufstätig zu sein. Das sind sicherlich die Gründe, warum Frauen heute wesentlich später heiraten. Nur: Ist man erst einmal im Beruf, dann geht schnell viel Zeit verloren …

Ich hatte damals als junges Mädchen eben das Glück, gleich nach der Schule den richtigen Mann zu finden. Ich hatte mir damals in den Kopf gesetzt, Schauspielerin zu werden. Doch mein Mann hielt nicht viel davon, dass ich für mehrere Jahre eine Schauspielschule besuche. Und – ehrlich gesagt – war ich ganz zufrieden damit. Nun muss man natürlich dazu sagen, dass er finanziell auch so gut gestellt war, dass mein „Dazuverdienen" nicht nötig war. Ich hatte damals auch nicht unbedingt den Wunsch, finanziell unabhängig zu sein – sonst hätte ich mich sicherlich nicht darauf eingelassen.
Also, für mich war es völlig in Ordnung so, wie es sich ergeben hat.

Mit extravaganten Frisuren und schrillem Outfit haben Sie sich über Jahre einen Stammplatz in der Regenbogenpresse gesichert. War Ihr Auftreten der notwendige Ausgleich für eine junge, dreifache Mutter zum behüteten, traditionsbewussten, „fürstlichen" Leben?

Fürstin von Thurn und Taxis:
Nein, das glaube ich weniger. Es war einfach der große Spaß am Verkleiden. Wenn man sich die heutige Mode anschaut, so erscheint es nun völlig selbstverständlich. Damals waren die Menschen eben in ihrem Umfeld sehr viel weniger aufgeschlossen für neue Sachen. Da habe ich ja schon mit rot gefärbten Haaren Aufsehen erregt. Heutzutage erregt genau das eben kein Aufsehen mehr. Ich erinnere mich auch noch genau an das Tragen von etwas größeren Hüten, die mir viel Spaß gemacht haben. Das war direkt ein Skandal. Heute se-

hen Sie bei den Modenschauen Exemplare, die Sie niemals aufsetzen würden. Aber es regt sich keiner mehr darüber auf. Also: Ich habe mich gern verkleidet, ich habe mir gern lustige Frisuren gemacht – aber das war eigentlich nicht mehr als „jugendlicher Spaß" am bunten Aussehen.

Über jene Zeit sagen Sie selbst: „Der liebe Gott wird sagen: Du hast Zeit verloren. Warum hast du nichts Vernünftiges gemacht?" Was wäre denn im Rückblick etwas „Vernünftiges" gewesen?

Fürstin von Thurn und Taxis:
Nun ja, vernünftig ist es, wenn man die kurze Zeit, die man im Leben hat, auch wirklich sinnvoll nutzt. Sinnvoll ist es, von früh bis spät für andere Menschen da zu sein. Und nicht nur für sich selbst. Und somit ist es natürlich „unvernünftig", wenn man seine Zeit mit „Verkleidungen" vergeudet und Geld für Extravaganzen oder flippige Äußerlichkeiten ausgibt – wie das eine junge Frau durchaus zu tun pflegt. Ich denke, das kann man durchaus als „unnütz" bezeichnen. Ich hätte in der Zeit selbstverständlich mehr für andere Menschen tun können, mehr Zeit den Armen, Kranken und Einsamen widmen können. Das ist das, was ich mit „vernünftig" gemeint habe.

Ihr Mann verstarb im Jahr 1990. Hadert man in einem solch schmerzlichen Moment mit seinem Glauben an Gott? Wer oder was hat Ihnen Kraft gegeben, das Schicksal anzunehmen?

Fürstin von Thurn und Taxis:
Also, das ist ja eben das große Glück, einen festen Glauben zu haben. Denn dann weiß man ja, dass das Leben nach dem Tod schöner ist als hier auf Erden. Und das gönnt man dann dem Verstorbenen. Der, der verstirbt, hat es doch eigentlich gut. Wir hingegen sind die „Zurückgebliebenen". Wir sind die Leidtragenden. Das ist eigentlich schon immer mein Denken und meine Einstellung zum Tod gewesen.

Bereits damals im Kommunion- und Firmunterricht sind wir darüber aufgeklärt worden, dass das ewige Leben das Paradies ist. So, wie wir uns als Kinder das Leben von Adam und Eva vorgestellt haben – vor dem Sündenfall. Insofern wissen wir eben – und ich kann gar nicht sagen wir glauben, sondern wir wissen –, dass es nach dem Tod wunderschön wird und dass man dann eben in Liebe mit den Verstorbenen vereint sein wird. Das ist etwas, auf das ich mich fast freue! Unser Weinen um die Verstorbenen, so verständlich es ist, nützt den armen Seelen nichts. Man muss sie gehen lassen und viel für sie beten.

Gerade wenn man den Verlust eines ganz nahen Menschen, bspw. eines Kindes oder eines Ehegatten, zu verkraften hat, dann kommen diese Existenzfragen natürlich neu hoch. Dann gibt es Zeiten, in denen man mit sich und seinem Glauben hadert und denkt: Hoffentlich gibt's das ewige Leben wirklich. In solchen Momenten habe ich immer einen sehr guten Pfarrer als Gesprächspartner, mit dem ich mich dann unterhalten kann und der mir versichert: „Sie werden Ihren lieben Johannes wiedersehen!" Diese Überzeugung hilft in solch schmerzlichen Momenten sehr.

Ihr Mann hat sich einer Herz-Transplantation unterziehen müssen, die das Ergebnis jahrzehntelanger Forschung ist. Wo sehen Sie – gerade vor dem Hintergrund dieser eigenen Erfahrungen – die Grenzen medizinisch-wissenschaftlicher Forschung?

Fürstin von Thurn und Taxis:
Organtransplantationen finde ich dann ethisch vertretbar, wenn es sich wirklich um ein echtes Spenderorgan handelt. Wenn also jemand zuvor sein schriftliches Einverständnis geäußert hat: „Ja, ich möchte meine Organe spenden." Das Problem beginnt bei der notwendigen Unterscheidung zwischen Gehirntod und Herztod. Hier sind sicherlich Ängste vor unerlaubter „Geschäftemacherei" vorhanden.
Ich kann nicht einschätzen, inwieweit man da in unserem

Land Befürchtungen haben muss – aber ich weiß, dass es diese Problematik in anderen Ländern durchaus gibt.

Zur aktuellen Diskussion: Die Stammzellenforschung und die künstliche Befruchtung habe ich seit jeher abgelehnt. Ich finde, wir Menschen dürfen dem lieben Gott nicht überall ins Handwerk pfuschen. Es gibt ja inzwischen Stimmen, die behaupten, es seien gar keine Embryos notwendig, um Stammzellenforschung zu betreiben. Man könne durchaus Stammzellen aus der Nabelschnur eines Kindes gewinnen. Ich bin sehr froh, dass sich nun auch der amerikanische Präsident und unser Bundespräsident deutlich gegen die Embryonal-Stammzellenforschung ausgesprochen haben. Und das ist für mich auch nur konsequent: Wer gegen die Abtreibung ist, der muss meines Erachtens auch gegen das „Produzieren von Embryos" sein, um an ihnen zu forschen.

Wenn man allerdings für die Abtreibung ist, dann dürfte im Folgeschritt eigentlich die Embryonen-Forschung weniger problematisch sein. Trotzdem sind viele Abtreibungsbefürworter strikte Gegner der embryonalen Stammzellenforschung.
Die katholische Kirche hat in diesen Fragen schon lange eine sehr eindeutige Meinung vertreten. Und gerade die Abtreibungsdiskussion erscheint heute im Lichte der neuen wissenschaftlichen Erkenntnisse und Möglichkeiten gänzlich anders. Kurz gesagt: Aus heutiger Sicht kann ich die restriktive Haltung der Kirche zu Pille, Nidationshemmer und Abtreibung viel besser verstehen als damals, als man noch gar nicht so genau gesehen hat, wo das alles hinführt. Damals kam es einem vor, als ob die katholische Kirche durch ihr Verbot nur die „Freiheit der Frauen" einschränken wolle. Heute ist der erste Schritt, die Abtreibung, gesellschaftlich akzeptiert. Mal sehen, wie lange es dauert, bis auch PID und Klonen akzeptiert sein werden – während die Kirche weiterhin als „einschränkend" und „rückwärtsgerichtet" beurteilt wird.

Sie übernahmen im Jahr 1990 die Gesamtleitung des Familienunternehmens – mit 50 Einzelfirmen und 4 000 Beschäf-

tigten sowie riesigen Ländereien im In- und Ausland. Viel Erfahrung im wirtschaftlichen Bereich konnten Sie zuvor als viel beschäftigte Mutter kaum sammeln. Wie haben Sie diese Aufgabe angepackt?

Fürstin von Thurn und Taxis:
Zunächst einmal habe ich bereits vor dem Tod meines Mannes etwa 1½ Jahre lang Betriebswirtschaftsunterricht gehabt. Zudem hatte ich die Möglichkeit, eine Wirtschaftsprüfungsgesellschaft bei ihrer Analyse unseres gesamten Familienunternehmens zu begleiten. Da bin ich einfach mitgegangen – und das ist wirklich lehrreich gewesen. Ich hatte Gelegenheit erhalten, unser Bankhaus, die Brauerei sowie die industriellen Betriebe und die Metallzulieferer intensiv kennen zu lernen. Und ich muss sagen, dass ich schnell merkte: „Da fehlt uns in vielen Zweigen einfach das Know-how." Wenn man Beteiligungen haben möchte, dann ist es oft besser, sich an Aktiengesellschaften zu beteiligen, weil die sehr viel professioneller geführt werden können. Und als ich das verstanden habe, war mir klar: Wir müssen uns von vielen Geschäftszweigen trennen. Und es gab ja bereits etliche Optimierungsvorschläge, als ich die Verantwortung übernommen habe. Es ging letztlich darum, diese Vorschläge umzusetzen. Und genau das habe ich getan.

Der SPIEGEL titelte im Jahr 1991 in diesem Zusammenhang: „Ihre Durchlaucht räumt auf." Medien tragen dazu bei, ein bestimmtes Image aufzubauen. Im Zusammenhang mit Ihrem Auftritt in der Talkshow „Friedman" schrieb die FRAU IM SPIEGEL: „Fürstin im Fettnäpfchen". Bestimmen heute die Medien, wie die Gesellschaft über einen Menschen – zumal prominenten – zu denken hat? Sehen Sie eine Gefahr in dieser Entwicklung?

Fürstin von Thurn und Taxis:
Ja, ich glaube schon, dass die Medien eine sehr große Machtstellung haben – und durchaus gefährlich und vernichtend werden können. Erinnern wir uns nur an die „Rufmordkam-

pagne", die gegen Helmut Kohl geführt wurde und wird. Die ist ja bestimmt mit ein Grund dafür, warum Hannelore Kohl den Freitod gewählt hat: Sie hat diesen Druck einfach nicht mehr ausgehalten, der auf ihr und ihrer Familie lastete. Damit will ich gar nicht verdrängen, dass jeder auch seinen eigenen Beitrag dazu gibt. Das ist sicherlich richtig. Aber diese Brutalität, mit der der Prominente zunächst hochgejubelt und anschließend wieder fallen gelassen wird, die ist schon bitter. Deshalb sollte man sich trotzdem nicht „stromlinienförmig" bewegen, um nur noch das zu sagen, was gerne gehört wird. Dann wären wir wieder da, wo wir in der Nazizeit schon einmal waren. Nur dass es dann eine andere, freiwillige Diktatur ist, die bestimmt, welche Dinge zu tun und welche zu lassen sind. Wer sich daran nicht hält, wird eben mundtod gemacht. Aber so eine „Diktatur der Political Correctness" haben wir ja eigentlich schon.

Mäzenatentum und soziales Engagement haben in Ihrer Familie und auch in Ihrem Leben ein hohen Stellenwert. Fehltritte werden von der Presse breitgetreten, das soziale Engagement aber bleibt im Hintergrund der Berichterstattung. Ärgert Sie diese „Bildverzerrung"?

Fürstin von Thurn und Taxis:
Nein, das kann man nicht sagen. Beim sozialen Engagement geht es uns ja nicht um die Darstellung, sondern vor allem um die Sache. Trotzdem stimmt es natürlich: Solche Dinge sind für die Öffentlichkeit und besonders für die Presse thematisch nicht so interessant. Interessant sind Skandale. Das ist leider so – aber es ärgert mich nicht.

Sie engagieren sich für das Lebensrecht von Ungeborenen …

Fürstin von Thurn und Taxis:
… weil ungeborenes Leben unbedingt geschützt werden muss! Wenn ich heute sehe, was die Naturschützer so alles unter Schutz stellen – und das finde ich grundsätzlich ja auch gut, dann gehört der Mensch doch wohl auch dazu! Wir stel-

len inzwischen jedes Kleintier unter Naturschutz – nur den Menschen nicht. Und das ist doch eine völlige Fehlentwicklung. Wenn der Mensch nicht unter „Naturschutz" steht, dann wird's in unserer Gesellschaft bedenklich. Am Starnberger See ist es so, dass der Kormoran nicht mehr gejagt werden darf, obwohl die Population so rasant angestiegen ist, dass er den Fischern die Netze leer räumt. Also, ich finde immer noch, dass der Mensch über den Tieren steht.

Der Staat begünstigt die Abtreibung und trägt damit zu einem großen demographischen Problem bei. Jedes Jahr werden zwischen 130 000 und 150 000 Kinder abgetrieben. Das ist so viel, wie die Stadt Regensburg Einwohner hat. Über diese grausame Tatsache muss man sich mal klar werden. Wer es wagt, den Finger in diese Wunde zu legen, wird sofort angeklagt, weil die Gesellschaft kein schlechtes Gewissen erträgt. Also wird derjenige, der heutzutage gegen die Abtreibung ist, als Menschenfeind abgestempelt. Menschenleben, ob im Entstehen oder am Ende des Lebens, darf nicht verfügbar gemacht werden, denn die Gefahr, dass Missbrauch getrieben wird, ist viel zu groß.

Zitat: „Mit der Abtreibung haben wir eine Selektionsmöglichkeit eröffnet, und mir bangt vor dem nächsten Schritt." Nicht nur ungeborene, auch alte und kranke Menschen werden heute vielfach als Belastung empfunden und in Altersheime abgeschoben. Was wird aus einer Gesellschaft, die sich diese „Belastungen" vom Halse hält und die humanitäre Verantwortung an Dienstleister abgibt?

Fürstin von Thurn und Taxis:
Eigene Kinder, die sich um ihre Eltern bzw. Großeltern kümmern könnten, hat die Single-Gesellschaft nicht hervorgebracht.
Derjenige, der sich den Dienstleister noch leisten kann, wird besser dastehen als der, der auf die Solidargemeinschaft angewiesen ist. Es gibt einfach zu viele Alte, die von den im Beruf stehenden Jungen bezahlt werden müssen. Es geht also

nicht mehr darum, dass die Alten von ihren berufstätigen Kindern abgeschoben werden, sondern die Solidargemeinschaft ist zuständig, weil viele gar keine eigenen Kinder haben.

Wenn die Menschen heute vielfach aus finanziellen Gründen abtreiben – wie hoch wird dann wohl die Bereitschaft sein, sich älterer Menschen zu entledigen, die teuer und nutzlos geworden sind? Alte Leute, die Gedächtnisschwund haben, nicht mehr sprechen oder zur Toilette gehen können?
Jetzt wird schon damit begonnen, die Euthanasie „schmackhaft" zu machen, damit die Menschen Gefallen daran finden, sich selbst gegen Schmerzen bzw. ein „unwürdiges Altwerden" entscheiden zu können. Dass sich viele Alte, vor allem wenn keine eigenen Angehörigen da sind, die ihnen Liebe und Zuwendung schenken können, in höchstem Maße nutzlos und ungeliebt vorkommen, liegt doch auf der Hand. Im Übrigen sind Depressionen im Alter eine weit verbreitete Krankheit. Werden all diese Menschen auf eigenen Wunsch euthanasiert werden? Das wäre natürlich die kostengünstigste Lösung – statt teurer menschlicher Fürsorge und Palliativmedizin.
In Holland ist es ja bereits so, dass der Arzt nicht mehr bestraft wird, wenn er die Giftspritze setzt. Dort kann der Arzt einen sterbenskranken Patienten euthanasieren – ohne die Einverständniserklärung des Patienten zu haben. Dahin werden wir mit Sicherheit auch kommen, wenn die Menschenwürde weiterhin vor allem unter dem Kosten-Nutzen-Aspekt beurteilt wird.
Dann haben wir eine Gesellschaft, die Embryos auf Wunsch entstehen lässt oder abtötet und sich der Alten entledigt, sobald sie nutzlos und aufwändig geworden sind, mit der Ausrede, es sei kein Geld vorhanden, um die hohen Pflegekosten zu decken. Es wird ein schweigendes Sterben werden, denn die Täter haben eine Lobby, die Opfer nicht.

Um Solidarität und Respekt anderen Menschen gegenüber empfinden zu können, bedarf es einer entsprechenden Erzie-

hung durch Familie und Schule. Der Verlust entsprechender Werte weist auf einen Mangel hin. Wird heute zu viel Verantwortung von den Eltern auf die Schule abgewälzt?

Fürstin von Thurn und Taxis:
Ja, das glaube ich schon. Viele Menschen sind zu sehr mit ihrer Karriere und mit dem Geldverdienen beschäftigt. Es ist ja alles durchaus gut gemeint. Sie wollen sicher auch für ihre Kinder nur das Beste. Die Kinder kommen auf Privatschulen usw. Aber das Wesentliche, die moralischen Werte und religiösen Inhalte, werden als überflüssig empfunden und nicht mehr vermittelt. Das werden Menschen, deren Erfüllung vor allem aus der Verwirklichung eigener Interessen und der Konsumwelt befriedigt werden soll. Das mag eine Zeit lang gut gehen. Aber diese Menschen werden irgendwann leer und unglücklich sein, weil sie nicht verstehen, wozu sie überhaupt hier sind.
Ein grundlegender Fehler ist mit der Verbannung des Religionsunterrichtes aus der Schule ja bereits begangen worden. Dazu hat die Politik keinen unwesentlichen Beitrag geleistet. Heinrich Böll hat einmal gesagt, er würde lieber in einer christlichen Welt als in einer atheistischen leben, weil in einer christlichen Welt der Arme und der Schwache beschützt wird, während in der atheistischen Welt nur der Stärkere zählt.

Hat die Kirche ihre Rolle als „moralische Instanz" verloren?

Fürstin von Thurn und Taxis:
Die Kirche hat nicht verloren, die Kirche wurde und wird jedoch systematisch schlecht gemacht. Was wird heute auf dem Papst „rumgehackt"! Schon kleine Kinder erlauben sich in der Schule freche Witze über das Oberhaupt der katholischen Kirche.
Die eigene Religion wird in unserem Land schlecht gemacht, während man Juden und Muslime mit dem gebotenen Respekt behandelt. Aber welche Blasphemie haben wir selbst zu ertragen! Es ist einfach kein Respekt da vor der eigenen Religion und den eigenen religiösen Wurzeln. Und der Staat tut meines Erachtens auch nichts, um das zu ändern.

Wehren wir uns denn als Christen deutlich genug gegen solche Veränderungen, gegen solche Angriffe – oder nehmen wir alles einfach nur hin?

Fürstin von Thurn und Taxis:
Wir Menschen sind wie Schafe. Wir haben eben Angst, dem Zeitgeist nicht Genüge zu tun. Es wird immer erst dann reagiert, wenn es zu spät ist. Wenn man beispielsweise erkannt hat, dass die Gesellschaft in die völlig falsche Richtung gelaufen ist. Oder wenn es irgendwo auf der Welt bereits geklonte Halbmenschen gibt. Dann erst werden wir wach und rufen verzweifelt: „O Gott, wie weit sind wir gegangen? Was haben wir Schlimmes gemacht?" Erst dann wird realisiert, wie weit man gegangen ist.

Sie sind sicherlich eine der relativ wenigen Ausnahmen bekannter Persönlichkeiten, die sich offen und klar zur Bedeutung der Religion äußern. Sie verdeutlichen aber auch, dass es durchaus nicht leicht ist, über den eigenen Glauben zu sprechen.
Ist der Glaube eine komplizierte Sache? War es schwer, Ihre Glaubensüberzeugung an Ihre Kinder weiterzugeben?

Fürstin von Thurn und Taxis:
Nein, bei meinen Kindern war's nicht schwer. Aber es ist durchaus kompliziert, mit den Schulkameraden der Kinder zu sprechen, die von zu Hause überhaupt nichts über den Glauben mitbekommen haben. Da merke ich dann auch, wie schwierig es für einen Gemeindepfarrer sein muss, der in die Schule geschickt wird, um dort Religionsunterricht zu geben.

Die Offenheit der Menschen dem Glauben gegenüber scheint – trotz fehlender religiöser Sozialisation und trotz der enormen Diaspora-Situation – in den Bistümern der neuen Bundesländer deutlich ausgeprägter zu sein als im Westen ...

Fürstin von Thurn und Taxis:
Das kann durchaus sein. Wo das Christum erst einmal zerstört

ist, da wird die Bereitschaft zum „Neuentdecken" sicherlich viel größer sein als dort, wo das Christentum zum Establishment gehört.
Aber es ist auch wichtig, für den Erhalt der Kirche zu beten. Beispielsweise für den Priesternachwuchs, für die jungen Menschen, die sich auf den Weg gemacht haben, um dieses schwierige Amt auszuüben. Wie sollen die Menschen zukünftig mit geistigen Inhalten versorgt werden, wenn niemand da ist, der sie vermitteln kann? Es ist ein Kampf an allen Fronten.

Gläubig sein heißt ja nicht fehlerfrei zu sein. Sie messen der Beichte eine große Bedeutung zu. Fehlt es der Gesellschaft, fehlt es vielleicht besonders uns Christen an dem Mut, sich Fehler einzugestehen? Sehen Sie dies als Gefahr?

Fürstin von Thurn und Taxis:
Das ist sicherlich eine der größten Gefahren überhaupt! Martin Luther hat ja richtig gesagt: „Wenn man sündigt, dann sollte man bewusst sündigen." Man kann sich seiner Fehler nur bewusst werden, wenn man sich ihnen stellt, wenn man sie nicht schönredet. Damit meine ich: Es ist viel leichter und zudem gefährlicher, sich ein gutes Gewissen einzureden, anstatt sich zu bestimmten Fehlern zu bekennen und zu sagen: „Hier war ich ungerecht, hier war ich gemein und hier habe ich einen Fehler gemacht." Das eine ist leicht, aber charakterschädigend. Das andere ist schwierig, aber ehrenhaft. Und dieser Anspruch auf Perfektion ist ja auch unsinnig. Gott weiß, dass wir Menschen schwach sind. Er weiß, welchen Versuchungen wir Stunde um Stunde und Tag um Tag ausgesetzt sind. Aber gerade in dieser Schwachheit nimmt er uns ja an und verzeiht uns, wenn wir ihn darum bitten.

Doch das macht vielen Menschen Probleme. Sie ärgern sich, dass es da jemanden geben soll, der über ihnen steht und ihnen ihre Sünden verzeiht. Das wollen sie gar nicht wahrhaben. Sie denken: „Ich brauche niemanden, ich mache das mit mir aus." Dass Demut etwas Großes ist, ist schwer zu begreifen. Dass man mit dem Satz „Es tut mir wahnsinnig Leid. Ich weiß, ich hab einen Fehler gemacht" größer wird und nicht kleiner. Doch diese Sichtweise ist vielfach nicht da, weil eben die Regeln des Stärkeren herrschen. Weil wir in einer Gesellschaft leben, in der der Stärkere der Erfolgreichere ist. In solch einem Umfeld kommen christliche Werte natürlich zu kurz.

Wie wird sich Kirche im neuen Jahrtausend entwickeln? Welches sind Ihres Erachtens die größten Herausforderungen und Chancen?

Fürstin von Thurn und Taxis:
Ich denke, dass sich die Kirche aufgrund der vorauszusehenden Altersentwicklung deutlich verändern wird. Es wird immer weniger wirklich engagierte Christen geben. Aber: Vielleicht wächst aus den wenigen etwas Neues. Qualität hängt ja bekanntlich nicht unbedingt mit Quantität zusammen. Ich sehe diese Entwicklung nicht als „Weltuntergang". Ich finde es zwar schade, aber jede Veränderung bietet Chancen für einen Neuanfang.

Sie haben einmal gesagt: „Wer die Kirche beleidigt, beleidigt Gott." Ist denn Kritik an den Strukturen erlaubt?

Fürstin von Thurn und Taxis:
Kritik ja, aber in den meisten Fällen geht es um ganz konkrete Änderungswünsche. Das ist in der katholischen Kirche schwierig, weil sie klare hierarchische Strukturen hat. Nicht der Wille der Mehrheit entscheidet, sondern die gelehrte Wahrheit. In der katholischen Kirche haben nun einmal geistliche Männer das Sagen. Schon deshalb habe ich auch ein großes Problem mit dem „Kirchenvolksbegehren". Was soll das? Das Schöne in der katholischen Kirche ist doch, dass man stets im Dialog mit dem katholischen Priester seine eigenen Nöte und die, die man in der Gemeinde hat, besprechen kann. Ich kann doch aber nicht von einer Institution verlangen, dass sie ihre Statuten ändert, nur weil das jetzt nicht in den Zeitgeist passt.

Die katholische Kirche ist kein politischer Debattier-Club. Von engagierten evangelischen Christen wird auch sehr deutlich geäußert, dass ihre Kirche sich oft viel zu sehr dem Zeitgeist angepasst hat und dass sie darüber sehr unglücklich sind. Unser ehemaliger Verteidigungsminister Hans Apel sagte einmal in einem Interview sinngemäß: „Ich kann nicht mehr in unsere Gemeinde gehen. Da wird nur noch Ringelreihen getanzt und gesungen. Das Wort Gottes kommt viel zu kurz. Da fühle ich mich nicht mehr zu Hause." Wer die Lehre der Kirche nicht vertragen kann, sollte nicht die Kirche dafür verantwortlich machen, sondern bei sich selbst beginnen und seine eigenen Lebensumstände hinterfragen. Im Übrigen kommen die meisten Kirchenkritiker von außen und haben – wenn überhaupt – ganz selten einen Gottesdienst besucht.

Im Jahr 1987 haben Sie auf die Frage „Was möchten Sie sein?" geantwortet: „Ein Elefant im Porzellanladen." Was möchten Sie heute sein?

Fürstin von Thurn und Taxis:
Tja, was möchte ich heute sein? Heute würde ich sicherlich nicht mehr „Elefant im Porzellan-Laden" antworten. Das war damals natürlich provokativ gemeint. Heute möchte ich meinen Kindern eine gute Mutter sein und für meine Angestellten ein verlässlicher und berechenbarer Partner. Und für meine Freunde möchte ich eine zuverlässige Begleiterin durchs Leben sein.

Im Gespräch: Claus Hipp

Unternehmer und „Babykost-Hersteller", IHK-Präsident für München und Oberbayern, „Öko-Manager des Jahres", Kunstlehrer und Maler

„Ich halte viel von der heutigen Jugend"

Ein großformatiges Kruzifix ist das Erste, was die Besucher in der Zentrale des Babykost-Marktführers Hipp in Pfaffenhofen bei München erblicken. Und das aus gutem Grund. Denn Geschäftsführer Dr. Claus Hipp ist nicht nur erfolgreicher Unternehmer, „Ökomanager des Jahres", Maler mit internationalem Renommee und Familienmensch aus ganzem Herzen – er ist vor allem gläubiger Katholik. Im Gespräch betont der 63-Jährige den besonderen Stellenwert einer festen Glaubensüberzeugung für das tägliche Leben.

Geburt, Erziehung, Ausbildung und Berufstätigkeit – alles haben Sie im katholischen Kernland erfahren. Was verbinden Sie als bayerischer Katholik mit dem Begriff „Diaspora"?

Hipp:
Es ist sicher so, dass der katholische Glaube in Bayern mehr mit dem ganzen Jahresablauf und dem Brauchtum verbunden ist als in allen anderen Bundesländern. Gerade in der Diaspora ist diese Verbindung nur sehr gering oder gar unbekannt.
Der Glaube stärkt also auch die Verbindung zur Heimat, die wiederum eine gewisse Geborgenheit mit sich bringt. All dies würde ich als Diaspora-Christ doch sehr vermissen.

Sie wurden auf einem Faltblatt des Bonifatiuswerkes zum Diaspora-Sonntag mit den Worten zitiert: „Die wichtigste Basis ist mein Glaube und nicht das Infragestellen." Lässt Claus Hipp bei sich selbst und in seiner Familie keine Glaubenszweifel und Anfragen zu ?

Hipp:
In puncto *Glauben* sehe ich vielfach, dass Theologen – oder solche, die sich besonders gescheit vorkommen – eben nicht mehr glauben, sondern alles diskutieren und in Frage stellen wollen. *Glauben* aber heißt, etwas für wahr halten, was man nicht verstehen kann. Sonst hieße es ja *Wissen*. Glauben heißt, demütig etwas anzunehmen und zu sagen, ich halte es für wahr, auch wenn ich es nicht verstehen kann.
Glauben ist eine sehr gerechte Sache. Das kann der Ungebildete genauso wie der Gebildete. Vielleicht fällt es den Gebildeten sogar schwerer. Interessanterweise fällt es den Hochgebildeten, den ganz großen Wissenschaftlern, wiederum weniger schwer, denn sie sind häufig sehr gläubige Menschen.

„Christliche Verantwortung soll unser Handeln prägen" – so lautet der erste Grundsatz in Ihrem Unternehmensleitbild. Was sollte diese „christliche Verantwortung" Ihres Erachtens auszeichnen?

Sehen Sie ein engagiertes Christsein als Voraussetzung für einen Arbeitnehmer, um innerlich mit diesen Unternehmens-Grundsätzen übereinstimmen zu können?

Hipp:
„Christliche Verantwortung" zeichnet unsere Grundeinstellung aus, nach der wir handeln. In dieser christlichen Grundeinstellung ist eigentlich alles geregelt. Da haben wir einen Wegweiser, an dem wir uns orientieren können. Ganz unkompliziert. Natürlich müssen wir als Unternehmen auch Gewinn machen. Wenn wir vor lauter christlicher Handlungsweise keinen Erlös mehr erzielen würden, dann müssten wir ja bald sehr unchristlich sein und Arbeitsplätze abbauen. Es kommt also immer darauf an, was man mit dem Gewinn macht. Wir werden später nicht daran gemessen werden, wie viel wir angehäuft haben, sondern wie wir mit den anvertrauten Gütern umgegangen sind.

Was die Mitarbeiterinnen und Mitarbeiter anbelangt, so haben wir sehr viele Beschäftigte islamischen Glaubens – und sicher auch welche, die gar nichts glauben. Aber jeder, der zu uns kommt, weiß, wie wir eingestellt sind. Wer mit unserer Einstellung kein Problem hat, dem wird's hier gefallen. Wer mit unserer christlichen Einstellung hingegen ein Problem hat, der wird sich nicht wohl fühlen. Und auf Dauer brauchen wir eine Mannschaft, die sich wohl fühlt.

Welche Auswirkungen hat dieser Grundsatz bspw. auf die Auswahl Ihrer Führungskräfte?

Hipp:
Wir brauchen eine Führungsmannschaft, die zusammenpasst, und wir brauchen Leute, die unserer Grundeinstellung nicht zuwider arbeiten. Wir leben unsere Einstellung in einem Land christlichen Denkens. Mag sein, dass – kurzfristig gesehen – manche Personalentscheidung auch mal ein Opfer bedeutet, dass man gezielter und wirtschaftlich geschickter entscheiden könnte. Langfristig aber, da bin ich sicher, wird sich diese konsequente Haltung auszahlen.

Wenn Sie als Unternehmer auf Ihre tagtäglichen Aufgaben schauen: Wo gibt es Spannungen zwischen Ihrer christlichen Einstellung und „geschäftspolitischen“ Notwendigkeiten?

Hipp:
In einer Führungsaufgabe hat man etwa 80 % der zur Verfügung stehenden Zeit darauf zu verwenden, menschliche Probleme und Konflikte zu lösen, die eben am Rand entstehen. Das sind geschäftspolitische Notwendigkeiten, die teilweise natürlich wehtun können. Je harmonischer man solche Konflikte lösen kann, desto günstiger ist dies für das weitere Zusammenarbeiten innerhalb des Unternehmens. Je härter solch ein Konflikt gelöst wird, desto schlimmer ist es für das Klima.

Sie sprechen von einer Verantwortung für soziales Engagement, da, wo auch der bestorganisierte Sozialstaat nicht ausreiche. Was und nach welchen Kriterien fördern Sie?

Hipp:
Die Kriterien unserer Hilfe im sozialen Bereich sind sicherlich emotional bedingt. Dort, wo Not ist, versuchen wir zu helfen. Und zwar in dem Maß, in dem es uns möglich ist. Auch als Unternehmen obliegt uns die Pflicht, Verantwortung zu tragen und Mittel für die Nöte anderer Menschen einzusetzen. Dies tun wir so, wie es unserem Gewissen entspricht. Es gibt vielfach Vereine und Personen, die zum wiederholten Mal etwas von uns haben wollen. Da gibt's dann auch mal eine Absage, um denen helfen zu können, die bisher keine Berücksichtigung gefunden haben.

Es ist nicht leicht, Menschen in unserem Land für spezielle Nöte zu sensibilisieren – beispielsweise für Diaspora-Nöte, für Christen in der Minderheit. Sie sind u. a. Kuratoriumsmitglied des Vereins „Bäume für Sarajevo“, der sich der Neubegrünung von Hängen, Parks und Streuobstwiesen verschrieben hat. Die Aufgabe dieses Vereins scheint ebenfalls nicht leicht vermittelbar. Was erwidern Sie denen, die fragen „Gibt es in einem solchen Land nicht drängendere Nöte?“?

Hipp:
Man kann das eine tun, muss das andere aber nicht lassen. Es wird immer wichtigere und weniger wichtigere Sachen geben. Nur: Wir können bei weniger wichtigeren Sachen nicht immer nur *Nein* sagen. Auch sie haben ja eine gewisse Wichtigkeit.
Häufig genügt es Organisationen ja auch, dass man sich mit seinem Namen hinter ein bestimmtes Anliegen stellt, sich für irgendetwas zu bekennen. Warum sollte ich mich nicht dafür einsetzen, dass in Sarajevo Bäume gepflanzt werden? Das find ich gut – warum sollte ich da *Nein* sagen?

Zitat: „Die Familie ist das Wichtigste für mich in meinem Leben." Kann ein viel beschäftigter Unternehmer so etwas ohne schlechtes Gewissen sagen?

Hipp:
Die Familie ist nach wie vor das Wichtigste in meinem Leben. Wenn meine Kinder und meine Frau mich brauchen, dann bin ich auch für sie da. Sie können jederzeit zu mir kommen.
Aber jedes Familienmitglied hat natürlich auch bestimmte alltägliche Verpflichtungen, die Zeit kosten. Zeit, die man nicht zusammen verbringen kann. Das schließt aber doch nicht aus, dass man sich trotzdem sehr gern mag.

Was bedeutet für Sie „katholisch sein" in Bezug auf Ihre Rolle als fünffacher Familienvater?

Hipp:
Meine Eltern haben mich im katholischen Glauben erzogen – und ich versuche ebenso gut, wie ich kann, danach zu leben. Mit allen Schwächen, die ich habe. Der Glauben ist ein gewisses Geländer, an dem ich mich festhalten kann, aber die Treppe hinaufsteigen muss ich natürlich selbst.

Und welchen Einfluss hat Ihre Rolle als Familienvater auf Ihr Handeln als Unternehmer?

Hipp:
Als Familienvater habe ich sicher mehr Verständnis für familiäre Probleme. Das langfristige Denken und Handeln fällt einem leichter, wenn Kinder da sind, die beispielsweise einmal das eigene Unternehmen weiterführen. Mit mir selbst beschäftige ich mich wenig, mehr hingegen mit den kommenden Generationen. Wenn ich kein Familienvater wäre, dann wäre die Denkweise vielleicht problematischer.

Justus Franz beklagte in einem Interview, unsere Gesellschaft sei auf dem Wege, komplett seelenlos zu werden: Traditionelle Werte würden in Frage gestellt, die Fixierung auf das Geld und dessen Vermehrung steige stetig. Welche Werte versuchen Sie jungen Menschen mit auf den Weg zu geben?

Hipp:
Zunächst einmal opfere ich beispielweise als Kunstlehrer an einer Berufsoberschule einen Teil meiner Zeit, um sie mit jungen Menschen zu verbringen.

Der Einschätzung von Justus Franz stimme ich nicht zu. Die traditionellen Werte werden derzeit meines Erachtens wieder mehr geschätzt, als es noch vor ein paar Jahren der Fall war. Und ich bin überzeugt davon, dass wir uns in einem Umbruch befinden; dass das rein materielle Denken Lücken aufzeigt und dass die Sehnsucht nach anderen Werten stetig steigt. Gerade junge Menschen sind da – zu Recht – sehr fordernd. Also, ich glaub an die Jugend, ich glaub an die Werte und ich glaube, dass die traditionellen Werte noch stärker in den Mittelpunkt rücken werden.

Und auch hier ist klar: Es kommt zuallererst auf die Erwachsenen an. Wir müssen den jungen Leuten entsprechende Werte vorleben. Wenn wir den Jugendlichen reinen Materialismus als Ideal vorstellen, dann werden sie das gut finden. Wenn wir aber drüber reden und ihnen zeigen können, dass andere Werte für uns wichtig und bestimmend sind, dann werden sie sich genau daran orientieren. Jugend ist immer so, wie die ältere Generation sie werden lässt.

Über Ihren Tagesablauf urteilte eine Zeitschrift: „Der Tag des Frühaufstehers Hipp scheint mehr herzugeben als der anderer Menschen."
Sehen Sie sich als ein Vorbild für die junge Generation? Und wo liegen Ihre persönlichen Grenzen?

Hipp:
Also, als Vorbild sehe ich mich überhaupt nicht, weil ich zu viele Dinge habe, die gar nicht vorbildhaft sind. Und: An die Grenzen stoße ich natürlich, weil auch ich zwischenzeitlich einmal müde werde. Es gibt sicherlich viele Menschen, die wesentlich mehr schaffen als ich. Früh aufstehen muss ich vor allem deshalb, damit ich all das, was ich gern tue, auch unterbringen kann. Sicherlich gibt es andere Menschen, die deutlich später anfangen und trotzdem das Gleiche schaffen.

Ihre Kinder folgen der Familientradition und engagieren sich im Unternehmen. War sowohl für Ihre Kinder als auch für Sie als Vater ein anderer Weg denkbar?

Hipp:
Es stand und steht jedem jeder Weg offen.
Vielfach wird beklagt, dass die junge Generation nicht den Beruf der Väter übernimmt und die Familienunternehmen weiterführt. Das ist wahrscheinlich vor allem dann der Fall, wenn die Väter zu Hause immer nur jammern, ihren Beruf nicht mit Freude machen. Und dann können sie natürlich auch nicht erwarten, dass die Kinder begeistert ins Unternehmen einsteigen. Wenn Kinder hingegen erleben, dass der Beruf ihren Vater ausfüllt, dass er ihm wirklich gern nachgeht, dann kann es auch als erstrebenswertes Ziel erscheinen. Und als Vater kann man ganz stark einwirken auf die Grundeinstellung seiner Kinder, die das Unternehmen einmal weiterführen könnten.

Wenn Sie später nur einen Manager als Nachfolger engagieren können, dann haben sie natürlich nicht die lange Zeit der Ausbildung, die in der Familie möglich ist. Die Chance, bestimmte Werte in der Erziehung zu legen, haben Sie nur bei Ihren Kindern. Und da bin ich mir sicher: Das ist gut fürs Unternehmen.

Sie engagieren sich in besonderem Maße für eine kleine Wallfahrtskirche. Was bedeutet Ihnen als aktiver Christ die Institution Kirche? Und wie beurteilen Sie die immer wieder aufkeimende Kritik an den festen Strukturen innerhalb dieser Institution?

Hipp:
Die Kirche als Institution finde ich richtig und wichtig, weil sie die Nachfolge Christi darstellt. Die Institution halte ich auch in ihrer hierarchischen Ordnung für richtig, denn ein Orchester verträgt nur einen Dirigenten. Und wir haben mit Papst Johannes Paul II. einen hervorragenden Dirigenten! Unser Papst ist eine bewundernswerte Persönlichkeit. Meine Bewunderung für ihn ist grenzenlos. Der ganze Aufbruch nach Osten wäre ohne diesen Mann gar nicht möglich gewesen. Es ist beeindruckend, wie er trotz seiner körperlichen Gebrechen diesen enormen Einsatz bringt – ein Trost für alle, die irgendein Wehwehchen haben. Eine Aufforderung an alle, ihren Platz einzunehmen, nicht zu resignieren, sondern weiterzumachen.

Die Kirche hat sich grundlegend bewährt. Sie hat große Persönlichkeiten und eben auch schwache Menschen in ihren Reihen. Aber wenn beispielsweise Kritik laut wird an einem schwachen Priester, dann übersehen die Kritiker doch eine ganz wichtige Sache: Zu einem Schwachen beichten zu gehen ist viel einfacher. Der steht uns Laien doch näher als einer, der sowieso schon ein paar Stufen drüber ist. Die Schwachen stehen dem Sünder näher als die erhabenen Heiligen.

Noch immer kehren jedoch Jahr für Jahr Tausende Menschen

der Kirche den Rücken. Wie kann die Kirche zukünftig gerade zu jungen Menschen einen neuen Zugang bekommen?

Hipp:
Es kommt zunächst einmal nicht auf die Masse an, sondern auf die Qualität. Ein paar engagierte Christen können mehr bewegen als tausend Trittbrettfahrer. Und solange es in der jungen Generation immer wieder Menschen gibt, die entsprechend überzeugt, treu und konsequent sind – warum sollten wir dann die Hoffnung aufgeben? Wir sollten von diesem „Massedenken" wegkommen. Qualität geht vor Quantität. Und gerade in der Krise entwickeln sich immer besonders gute Qualitäten.

Welches sind Ihres Erachtens die größten Herausforderungen und Chancen der Kirche? Gibt es Veränderungen, die Sie für notwendig halten?

Hipp:
Die Kirche wird sich fortlaufend ändern. Das hat sie auch in ihrer Geschichte stets getan. Das ist ein Zeichen ihrer Lebendigkeit. Und das ist auch gut so. Ich bin aber auch überzeugt, dass sie ihren Grundsätzen treu bleiben wird. Und es wird immer Leute geben, die den Grundsätzen der Kirche treu bleiben, die sich eben nicht dem Zeitgeist anpassen.
Wenn wir zurückdenken an die Zeit des Nationalsozialismus, dann wird deutlich, dass sich viele Menschen dem damaligen Zeitgeist angepasst haben. Und dafür werden sie heute zu Recht getadelt. Auf die heutige Zeit bezogen kann das heißen: Manch einer, der sich dem aktuellen Zeitgeist widersetzt und dafür möglicherweise sogar Nachteile in Kauf nimmt, der wird langfristig gesehen derjenige sein, der richtig liegt.

Sie sind jetzt 63 Jahre alt. Welche Pläne haben Sie für die Zeit nach Ihrer Berufstätigkeit?

Hipp:
Na, wer weiß, ob ich da überhaupt noch leben werde. Wenn

aber, dann werde ich all das tun, wozu man mich noch gebrauchen kann. Im „Geschirr“ werde ich so lange gehen, wie ich meine Leistung erfüllen kann. Irgendetwas zu tun wird es immer geben.

Sie sind nicht nur engagierter Unternehmer, sondern auch Musiker und Maler. Ich darf noch einmal Justus Franz zitieren: „Unternehmer sind endlich, Künstler und ihre Werke aber bleiben bestehen.“ Überlebt der Künstler Hipp den Unternehmer Hipp?

Hipp:
Alles, was man gut macht, das hat eine Chance längerfristig anerkannt zu werden. Egal, ob als Unternehmer oder Künstler. Was man hingegen nicht gut macht, das wird – Gott sei Dank – meistens schnell vergessen.

Letzte und vielleicht wichtigste Frage für die jungen Mütter unter den Leserinnen: Welches ist Ihr Babykost-Favorit?

Hipp:
Es ist und bleibt: Aprikose.

Im Gespräch: Uschi Glas

Schauspielerin

„Das Gebet macht mir Mut“

Sie ist die Sympathieträgerin der deutschen Filmbranche. Mit ihren Serien begeistert sie seit Jahren ein Millionenpublikum: Uschi Glas. Eine Frau, die ihren eigenen Ansprüchen treu geblieben ist, die Klartext redet und fest zu ihrem Glauben steht.
Im Interview spricht die engagierte dreifache Mutter über ihre Kindheit in der Diaspora und den starken Druck der „öffentlichen Meinung“.

Frau Glas, Sie sind im katholischen Landau an der Isar als evangelischer Christ aufgewachsen. Eine schwierige Diaspora-Situation mit „umgekehrten Vorzeichen"?

Glas:
Ja, durchaus. Ich habe diese Minderheiten-Situation als protestantischer Christ zwischen einer großen Mehrheit katholischer Christen damals als sehr schwierig empfunden – und natürlich gespürt, wie wichtig die Gemeinschaft für wenige Gläubige ist. Das ist möglicherweise auch der Grund dafür, warum ich mich heute ganz besonders für Minderheiten einsetze und für Menschen, die es schwerer haben.
Ich habe dies als Kind einfach nicht verstanden. Man spürt sehr schnell, ob man zu einer Minderheit gehört – oder eben nicht. Die evangelische Kirchengemeinde hatte damals in Landau beispielsweise kein eigenes Gotteshaus, so dass wir den Gottesdienst in der kath. Spitalkirche abgehalten haben. Wenn unsere Haupt- oder Kindergottesdienste zu Ende waren, so stand ich oft noch lange am Portal, um zuzuschauen, wie der katholische Pfarrer Weihrauch auflegte. Das hat mich damals sehr bedrückt, weil ich nicht verstehen konnte, warum wir „anders" sind. Denn: Ob Nachbarschaft oder Freundeskreis – eigentlich waren sie alle katholisch.

Als Kind macht man sich natürlich zunächst keine weiteren Gedanken – und doch merkte ich, dass da Unterschiede gemacht werden. So wünschte ich mir immer, auch einmal bei der riesigen Fronleichnamsprozession mitzugehen. Alle meine Freundinnen trugen weiße Kleider, es standen Blumen und Bäumchen an den Häusern, alles war schön geschmückt. Aber ich gehörte einer religiösen Minderheit an. Was habe ich mich gefreut, als unsere Nachbarin zu mir sagte: „Uschi, weißt du was – ich nehme dich einfach mit." Sie hat mich dann zusammen mit ihren zwei Töchtern mit zur Prozession genommen. Das war eine ganz tolle Sache – die allerdings nicht von allen so gesehen wurde. Diese Skepsis der anderen Menschen hat mich schon als Kind sehr nachdenklich gemacht, und ich habe begonnen, vieles in Frage zu stellen. Ich glaube bis heute nicht an einen katholischen oder evangelischen oder islamischen Gott. Die Frage nach Gott, die Suche nach ihm, das „Sich-ein-Bild-von-ihm-Machen" beruht meiner Ansicht nach auf der Unzulänglichkeit von uns Menschen. Wichtig ist der Glaube an ihn, nicht die Interpretation, wer Gott eigentlich ist.

Wenn man auf den Beginn Ihrer Karriere zurückschaut, dann liest man von „glücklichen Begegnungen" und „merkwürdigen Zufällen", die Ihr Leben immer wieder streifen. Das betrifft sowohl Ihre „Entdeckung" durch den Produzenten Horst Wendtland als auch Ihre Rolle der Eliza Doolittle („Pygmalion") im Münchner Theater. Glauben Sie an „Zufälle" – oder doch mehr an eine gewisse „Lenkung Gottes" in Ihrem Leben?

Glas:
Ich denke, nichts ist ein Zufall. Ich halte aber auch nichts davon, sich in den Sessel zu setzen und zu warten, was der Tag so bringt – weil man denkt: „Alles kommt ja eh so, wie es kommen soll. Ich kann da gar nichts tun." Ich bin der Auffassung, dass man aktiv in sein Leben eingreifen sollte. Zugleich bin ich davon überzeugt, dass es natürlich eine gewisse Bestimmung im Leben gibt, eine Fügung oder Lenkung.

Neulich bin ich gefragt worden, ob ich an einen Schutzengel glaube. Natürlich glaube ich an einen Schutzengel! Es gibt Situationen, wo man sich selbst fragt: „Warum habe ich da eigentlich so reagiert?" oder „Warum bin ich da jetzt eine Minute später losgefahren?" oder „Was hat mich da plötzlich gebremst?" oder auch „Was hat mich vorwärts getrieben?". Ich denke schon, dass diese Momente eine Art „Lenkung" verdeutlichen.

1965 wurden Sie als Schauspielerin entdeckt. 1966 hatten Sie Ihre erste Hauptrolle in einem Winnetou-Film. Und bereits im Jahr 1968 gelang der große Durchbruch mit „Zur Sache, Schätzchen".

Wie kamen Sie in diesen „jungen Jahren" mit einem so schnellen Aufstieg zurecht? Was behütet einen vor dem Abheben?

Glas:
Zunächst spielt beim Umgang mit diesen Erfolgen sicherlich die Veranlagung eine gewisse Rolle. Aber ich denke auch, dass mich meine Eltern da sehr gut erzogen haben, weil – wie Sie ganz richtig sagen – eine solche Lebenssituation natürlich verführerisch ist. Es ist sehr gefährlich, so jung so großen Erfolg zu haben. Du wirst gebettet, du wirst getragen, du wirst verwöhnt, du könntest dich so schlecht benehmen, wie es dir gefällt – man würde auch das durchgehen lassen. Das ist auch der Grund, warum sehr viele junge Menschen damit nicht klarkommen und „durchknallen". Sie haben keine Bremse mehr. Wenn ein Produzent unbedingt einen bestimmten Schauspieler für seinen Film haben will, dann wird er alles in Bewegung setzen. Und der „Star" könnte das ganze Hotelzimmer zusammenschlagen oder 100 Flaschen Champagner bestellen – da würde man nur sagen: „Ach, egal, lass ihn mal, das wird schon wieder." Da setzt keiner mehr Grenzen. Und genau das ist das Problem. Ich hab das immer als eine Art „Verführung" gespürt – als ob der Teufel einem auf der Schulter sitzt und immer wieder sagt: „Du darfst das, das ist okay."
Gott sei Dank hatte ich immer eine gute Selbstkontrolle. Ich habe mir immer wieder gesagt: „Lass dich ruhig loben, aber bleib auf dem Teppich." Ich hab so ein ganz tiefes Misstrauen vor dem „Schweben auf Wolke sieben". Wenn mich jemand besonders lobt oder wenn ich Auszeichnungen überreicht bekomme, dann kriege ich direkt Angst und denke: „Pass bloß auf, das muss nicht immer so bleiben, das kann morgen schon anders sein."
Ich freue mich über Erfolg, aber ich bin auch die Erste, die sich bremst. Manchmal meinen die Menschen, ich könne mich gar nicht richtig freuen. Dabei freue ich mich durchaus – aber eben anders.

Sie bekennen sich offen zu ihrem Glauben und zur Bedeu-

tung der Religion. Was bedeutet Ihnen das Gebet? Was bedeutet es für Sie, „dem Glauben ein Gesicht" zu geben?

Glas:
Dem Glauben ein Gesicht zu geben, das heißt für mich beispielsweise, mit den Menschen so umzugehen, wie ich selbst behandelt werden möchte. Das heißt für mich, für Menschen in der Minderheit oder für Menschen, die schwächer sind als ich, eine große Toleranz zu entwickeln. Und diese Kraft empfinde ich als ein Gottesgeschenk.

Das Gebet ist für mich eine Art „täglicher Rechenschaftsbericht". Wenn ich bete, dann lasse ich den Tag an mir vorüberziehen, um mich zu fragen: „Hast du es heute einigermaßen hingekriegt? War alles so weit o.k.? Was hast du falsch gemacht?" Ein Gebet ist zugleich eine Bitte für die Zukunft, dass die eigenen Bemühungen Erfolg haben mögen. Ich denke hierbei beispielsweise an mein Engagement für die in Amerika inhaftierte „Todeskandidatin" Debbie Milke. Ich sehe es als Verpflichtung an, mich für sie einzusetzen. Das Gebet macht mir Mut, auch scheinbar aussichtslose Dinge anzupacken.

Der Erfurter Bischof Wanke rief die katholischen Christen in einem viel beachteten Schreiben zu mehr „Mission" und zur „Evangelisation" auf, um dem fortschreitenden Glaubensverlust in der Gesellschaft entgegenzutreten. Die Gemeinden müssten sich verstärkt für „Ungläubige" öffnen, andere an ihren religiösen Überzeugungen und an ihrem religiösen Leben teilhaben lassen.
Sehen Sie Gefahren in der fortschreitenden Säkularisierung für die Gesellschaft?

Glas:
Zunächst halte ich es für wichtig, sich selbst immer wieder Gedanken zu machen und sich mit dem eigenen Glauben auseinander zu setzen. Und wir sollten den Mut nicht verlieren, auch andere Standpunkte eingehend zu betrachten.

Ich stimme mit Bischof Wanke darin überein, dass sich Gemeinden sehr viel mehr öffnen und eigene Überzeugungen stärker vorleben sollten. Das „Beispiel-geben“ im Alltag halte ich für unglaublich wichtig. Ich werde öfter gefragt, wie ich meine Kinder erziehe. Eigentlich müsste ich antworten: Ich erziehe sie durch das „Vorleben“ bestimmter Werte und Einstellungen. Und ich nehme mir Zeit für Erklärungen, warum ich was wie mache. Ich versuche ihnen zu vermitteln, dass man vorsichtig sein muss mit schnellen Urteilen.
Gerade in den Kirchengemeinden sollte deutlich werden, dass man in besonderer Weise miteinander umgeht – besonders im Hinblick auf Anders- und Nichtgläubige. So werden wir die Menschen ganz anders überzeugen können …

Auch die Jugendlichen?

Glas:
Die Kirchen, ob katholisch oder evangelisch, sollten gerade den jungen Menschen einen einfacheren Zugang zu Gott ermöglichen. Sie müssen sich darum kümmern, die Welt der Jugendlichen nicht aus den Augen zu verlieren und entsprechend zu kommunizieren. Und das darf meines Erachtens auch durchaus modern sein. Vielleicht wäre es möglich, einen interessanten Nachmittagsgottesdienst mit Musik und Theater anzubieten. Den Jugendlichen muss klar werden: Gott ist ein Freund. Er ist ein Vertrauter, dem man absolut alles sagen kann, was schief gelaufen ist.

In meiner Kindheit habe ich mir meinen Gott ein bisschen selber geschnitzt. Die Leute sagten damals: „Wenn du schreist, dann weint die Muttergottes im Himmel“ oder „Wenn du eine Hose anziehst, dann ist Gott traurig“. Lauter solche Geschichten habe ich mir anhören müssen. Beim Skifahren mussten wir noch einen Rock über die Hose ziehen, weil der liebe Gott angeblich traurig sei, wenn sich ein Mädchen wie ein Junge kleidet. Da habe ich mir immer gedacht: Das glaub ich einfach nicht. *Mein* Gott, der hat Verständnis. Er wird sich schon etwas dabei gedacht haben, als er mich schuf. Und er hat bestimmt auch Humor. Ich kann mich gut daran erinnern, welche Sorgen die Mädchen sich damals gemacht haben, welcher Zwiespalt sich in den kleinen Seelen abspielte. *Meinen* Gott habe ich stets als einen Vertrauten gesehen, mit dem man Zwiesprache halten kann – der aber durchaus auch Verständnis für bestimmte Dinge zeigt. Und natürlich habe ich ab und zu auch ein schlechtes Gewissen gehabt und ihn um Verzeihung für mein Verhalten gebeten.

Sie sagten einmal: „Werte sind wichtiger als eine Eins in Latein." Welche Werte halten Sie heute für ganz besonders wichtig?

Glas:
Werte wie Nächstenliebe und Toleranz sind für mich ganz besonders wichtig. Das ständige Bemühen, den Menschen an sich anzuerkennen, mit all seinen Schwächen oder Behinderungen. Wenn du die Seele eines Menschen zu erkennen versuchst und sie zu tolerieren bereit bist – dann haben wir das Wichtigste geschafft.

Für wie wichtig halten Sie die Schule als „Ort der Wertevermittlung" heutzutage? Wird den Schulen ggf. zu viel Erziehungs-Verantwortung von den Eltern übertragen? Drücken sich Eltern vor dieser entscheidenden Aufgabe?

Glas:
Das glaube ich eigentlich nicht. Ich denke eher, dass sich Eltern heute im Allgemeinen mehr den Kopf über ihre Kinder zerbrechen als früher. Wenn ich meine Eltern betrachte, die zur „Aufbau-Generation" zählten, dann hatten sie gar keine Zeit für uns – und auch nicht diesen Zugang, wie ich ihn heute bei meinen Kindern verspüre. Sie kommen zu mir und erzählen mir, wenn sie Mist gebaut haben. Ich bin für sie eine absolute Vertraute – wobei ich mir nun auch nicht einbilde, dass sie mir alles erzählen.
Und ähnlich, so meine ich, sieht es auch bei den meisten an-

deren Eltern aus. Ich denke, dass sie sich im Großen und Ganzen heute viel mehr Gedanken machen über ihre Kinder und deren Entwicklung, als es früher der Fall war. Ganz im Gegenteil also zu dem, was immer behauptet wird.

Inwieweit trägt das Fernsehen Ihres Erachtens zur Vermittlung der von Ihnen genannten Werte bei?

Glas:
Durch das Fernsehen ergeben sich sowohl Chancen als auch Risiken für die Menschen. Die Information durch das Fernsehen ist absolut wichtig – auch zur Vermittlung der Werte. Aber ich bin ebenso der Meinung, dass man als Vertrauter eines Jugendlichen oder eines Kindes sie dazu bringen muss, einen kritischen Abstand zu den Medien zu bekommen. Sich einfach vor den Fernseher zu setzen und berieseln zu lassen, das halte ich natürlich für sehr gefährlich und phantasielos. Aber das Fernsehen ist zunächst einmal etwas Positives – so lange man damit umzugehen und es zu dosieren weiß.

Ex-Bundespräsident Roman Herzog hat sich als glühender Verehrer Ihrer Sendung „Zwei Münchner in Hamburg" bekannt. Was schauen Sie sich gern im Fernsehen an?

Glas:
Ich finde insgesamt nur wenig Zeit dafür. Natürlich schaue ich gern die Nachrichten, wenn ich sie im Autoradio nicht schon gehört habe. Ansonsten gucke ich eher ausgesuchte Sendungen. Ich sehe gerne politische Sendungen und Diskussionen – da kann man sich so richtig schön aufregen und ereifern. Oder Quizsendungen, wo man miträtseln und dann in der Familie rumfragen kann: „Weißt du es?" Das ist einfach köstlich. Außerdem schaue ich mir gern Spielfilme an.

Die Vermittlung von Werten geschieht – wie eben angesprochen – nicht allein durch Schulen und Elternhäuser, sondern auch durch das Fernsehen, durch Persönlichkeiten. Gibt es heute noch wirkliche Leitfiguren, gerade für Kinder und Jugendliche?

Glas:
Ich habe immer schon eine Aversion dagegen gehabt, dass man so ähnlich sein will wie …
Das mag ich nicht. Es verschafft mir z. B. auch Unbehagen, wenn Fans schreiben: „Ich möchte so sein wie Sie! Ich hab schon die gleiche Frisur und kleide mich ähnlich …" und so weiter. Ich finde es nicht erstrebenswert, eine Kopie von jemandem zu sein. Natürlich habe auch ich früher für bestimmte Menschen geschwärmt, z. B. von Audrey Hepburn, Liz Taylor oder Sophia Loren. Aber ich habe nie wirklich sein wollen wie sie. Oder Romy Schneider – eine tolle Frau, die ich sehr verehrt habe. Aber man sollte versuchen, sich selber zu finden – und dies gilt gerade für Kinder und Jugendliche.

Ob als Tierärztin, als Unternehmergattin oder als Lehrerin – Sie spielen unterschiedliche und doch immer wieder engagierte, starke Frauen. Gibt es große Differenzen zwischen dem Charakter der Rollen, die Sie als Schauspielerin in Serien verkörpern, sowie Ihrer Rolle im privaten Leben?
Ist die Schauspielerin Uschi Glas auch annähernd die Privatfrau Uschi Glas?
Wenn man Kritiken liest, dann wird gesagt, dass dies der entscheidende Erfolg von Uschi Glas sei: Sie spielt so, wie sie ist. Würden Sie das bestätigen?

Glas:
Nein, das würde ich nicht bestätigen. Es freut mich höchstens, weil es zeigt, dass ich die Rolle überzeugend gespielt habe. Nehmen wir meine Rolle als Lehrerin: Ich wäre sicherlich keine gute Pädagogin, weil mir die nötige Strenge fehlt, die man braucht, um mit Kindern klarzukommen. Ich bin geradezu abenteuerlich inkonsequent. Auch wenn ich mir noch so vornehme, streng zu sein, und mir sage „Das merke ich mir jetzt aber" – dann habe ich das in kurzer Zeit doch wieder vergessen bzw. ich erinnere mich zwar daran, eigentlich rich-

tig böse und konsequent sein zu wollen, aber ich halte es einfach nicht durch. Und sicherlich würde ich in einem Klassenzimmer voller schreiender Kinder selbst ungehalten sein und mit Brüllen antworten.
Und auch die Rolle als Unternehmergattin, die sich als Bankerin versucht, widerspricht meiner Person, weil ich nur wenig Ahnung von und auch Interesse an finanziellen Dingen habe. Zu der Zeit, als diese Serie „Anna-Maria" lief, haben mir viele Leute geschrieben und mich um Rat gefragt. Und den konnte ich natürlich nicht geben. Man recherchiert zwar, wenn man solch eine Rolle spielt, und versucht Erfahrungen zu sammeln – aber dadurch wird man natürlich nicht zur Fachfrau.
Das Gleiche gilt für meine Rolle als Tierärztin: Natürlich erkundige ich mich vorher sehr genau und schaue dem Tierarzt erst einmal über die Schulter, damit ich sehe, wie man eine Spritze aufzieht oder wie man mit einem Hund oder mit einer Kuh umgeht. Nur so kann man eine Rolle auch glaubwürdig spielen, nur so wird´s auch authentisch. Und ich muss zugeben: In dem Moment, wo ich bspw. eine Tierärztin spiele, wäre ich auch gern eine. Oder wenn ich eine Bankerin spiele, die Ahnung von Investment-Fonds hat, dann wäre ich das auch in dem Moment ganz gern …

Aber können Sie eine solche Rolle abends auch ablegen – oder nehmen Sie etwas davon mit nach Hause?

Glas:
Ja, manchmal schon. Aus diesem Grund setze ich mich abends auch gern selbst hinters Steuer, um nach Hause zu fahren. So kann ich schneller abschalten, weil ich mich auf etwas anderes konzentrieren muss. Eigentlich versuche ich schon im Maskenbildnerzimmer, wenn ich mich abschminke und meine Kleidung aus- und meine Privatsachen anziehe, wieder zurückzusteigen. Aber ich gebe zu: Es ist nicht einfach. Vor allem, wenn ich eine Rolle zu spielen hatte, in der ich furchtbar weinen, laut schreien oder mich sehr streiten musste. Dann bleibt immer ein bisschen hängen, so dass ich mich manchmal im Auto frage: Was hast du eigentlich – das war

doch nur eine Rolle. So hol ich mich dann wieder in die Realität, aber es bleibt natürlich auch so manches hängen, was man dann doch mit nach Hause nimmt.

Österreichs ehemaliger Bundeskanzler Viktor Klima hat bei einer Laudatio gesagt: Die Frauen wollen so sein wie Uschi Glas, und die Männer wollen eine Frau wie Uschi Glas.
Welche Charaktereigenschaften würden Sie sich zuschreiben? Welche Rolle füllen Sie im Privatleben aus?

Glas:
Eine Marktforschungsstudie hat neulich angeblich herausgefunden, ich würde als verlässlich, wahrhaftig, emanzipiert und sportlich angesehen. Ich denke eher, der Grund, warum die Menschen schon so viele Jahre etwas mit mir anfangen können, ist vor allem der, dass ich mich nie verstellt habe. Ich habe immer abgelehnt, eine Art Doppelleben zu führen.
Wenn ich mich jetzt mit Ihnen unterhalte, dann unterhalte ich mich so gut wie ich kann und denke nicht, jetzt erzähl ich mal das, was der Chefredakteur Christoph Schommer von mir hören will. Und es ist mir ehrlich gesagt auch zu mühsam, mich zu verstellen und jedes Mal zu schauen, was habe ich eigentlich zuletzt zu diesem Thema gesagt. Schon als junge Schauspielerin habe ich herausgefunden, dass es das Beste ist, wenn man die Wahrheit sagt. Ich will kein Geheimnis um meine Meinung machen.

Sie gelten als eine Person, die Klartext redet – „ohne Filter vor dem Mund". Sie verheimlichen weder Ihre Nähe zur CSU noch Ihre finanzielle Unterstützung für Helmut Kohl.
Wenig Angst vor der allgemeinen Wetterlage – kann sich das nur eine bekannte und beliebte Schauspielerin leisten? Oder ist es gerade dann besonders schwer?

Glas:
Es ist schwer! Es ist deswegen schwer, weil man bekannt ist. Aber es war ebenso schwer, als ich noch jung im Geschäft war. Ich habe mit der Schauspielerei zu einer Zeit angefan-

gen, in der man für seine Einstellung auf die Straße ging. In der man begann, seine Meinung öffentlich zu sagen. Nur bei uns Schauspielern achtete man natürlich auch schon damals ganz besonders darauf, was der eine oder andere von sich gab. Das konnte einem dann auch schon mal zum Nachteil werden. Meine Agentin bat mich damals, öffentlich zu erklären, ich sei ebenfalls für einen Bundeskanzler Willy Brandt, ich hätte Verständnis für Straßenschlachten und für Übergriffe gegen die Polizei. Gerade das Letzte ist ja auch im Augenblick wieder ein aktuelles Thema in der Politik. Doch ich habe damals gesagt: „Nein, ich möchte das nicht. Die eigene Meinung sagen – ja. Aber auf die Straße gehen und Randale veranstalten – nein!" Denn der Polizist erfüllt auch nur seinen Job. Der hat vielleicht daheim eine Frau oder eine Familie.

Es war damals für mich sehr schwierig, gegen den Strom der allgemeinen Meinung zu schwimmen. Und viele Leute ließen mich ihre Verachtung dafür spüren. Sie hatten sich eine andere Uschi Glas vorgestellt. Beispielsweise beim Thema „Abtreibung". Da waren Unterschriftenlisten im Umlauf, wo viele Künstler und Prominente unterschrieben nach dem Motto: „Mein Bauch gehört mir!". Und als ich sagte, dass ich nicht unterschreiben würde, weil ich erstens nicht abgetrieben und zweitens eine andere und differenziertere Meinung dazu hätte, da wollten mich viele nicht verstehen. Eine Abtreibung ist eine Katastrophe. Ein plumpes „Mein Bauch gehört mir" ist da völlig fehl am Platz. Meine Einstellung hat mir als junge Schauspielerin sehr geschadet, so dass meine Agentin nur noch sagte: „Uschi, ich bitte Sie, halten Sie sich da raus." Und ich antwortete ihr: „Nee, da halt ich mich gerade jetzt extra nicht raus." Wo soll das denn aufhören, wenn ich für meine Karriere mein Temperament zügeln, meinen Charakter verbiegen oder meinen Mund halten soll?

Es ist also auch durchaus schwierig, in der Öffentlichkeit zu stehen?

Glas:
Ja, klar. Das jüngste Beispiel ist die Spende an Helmut Kohl, die mir sicherlich sehr geschadet hat. Denn es war ja erstens keine Spende direkt an Helmut Kohl, sondern an die CDU. Und zweitens wollte ich damit ein Zeichen setzen, was mir ja auch gelungen ist. Wir können Helmut Kohl nicht so verurteilen, wie es geschehen ist. Er hat einen Fehler begangen. Dafür gibt es Juristen, die das recherchieren und die ihn dann zu guter Letzt ggf. verurteilen. Aber ich bin doch kein Richter! Wenn Herr Kohl sagt, er möchte die Leute nicht nennen, dann ist es eigentlich an den Leuten, die er schützt, zu sagen: „Das ist okay, du kannst uns nennen." Es ist nicht an ihm, sein Wort zu brechen. Ob er sich damit strafbar gemacht hat, ist etwas anderes. Dafür gibt es Richter, wie gesagt. Dass man aber einen Menschen, der so viel für ein Land getan hat, so in Grund und Boden schreit, wie die Presse sich das herausnimmt, und ihn hetzt, das ist für mich, das ist für meinen Gerechtigkeitssinn unerträglich. Da schreit bei mir alles. Die Art und Weise, wie mit dem Mann umgegangen wird, wie auf einmal kübelweise alles über ihm ausgeschüttet wird, das finde ich nicht in Ordnung.
Die Menschen haben z. T. möglicherweise nicht richtig verstanden, worum es mir ging. Es ging nur darum zu sagen: Wir dürfen niemanden verdammen, weil er gefallen ist. Schauen wir uns unseren Außenminister Joschka Fischer an. Die Bilder in der Sendung „Panorama" haben gezeigt, dass da ein Polizist bei den Straßenschlachten fast verbrannt ist. Das ist doch Wahnsinn! Das finde ich eigentlich noch viel schlimmer als die Geschichte mit Herrn Kohl.
Andererseits ist bei allen Überlegungen zu fragen, ob es nicht auch eine Demonstration unserer Demokratie ist, dass jeder wieder Fuß fassen kann in unserem Land – trotz seiner Vergangenheit.

Ärgert es Sie manchmal, dass die Entwicklung Ihrer Kinder so in die Öffentlichkeit getragen wird? Und was sagen Ihre Kinder dazu?

Glas:
Ja, das stört mich sehr. Meine Kinder jammern zwar nicht darüber, aber ich bin mir sicher, dass es auch ihnen lästig ist. Ich bin der Meinung, auch Kinder von Prominenten haben es verdient, geschützt zu werden. Beispielsweise bei meinen Kindern schreibt man eben nicht über das Kind, sondern über den Sohn oder die Tochter von Uschi Glas. Und einige Medien sind durchaus bereit, einen Sachverhalt anders darzustellen, nur um eine Story daraus machen zu können. Die riskieren lieber eine einstweilige Verfügung, als dass sie auf eine gute Story verzichten. Und das stört mich schon sehr. Das finde ich nicht okay.

Sie sind u. a. in der Deutschen Hospiz-Stiftung ehrenamtlich aktiv. Wie kam es zu diesem – etwas ungewöhnlichen – Engagement in diesem „Tabu-Bereich"? Sterben als ein Stück unseres Lebensweges darzustellen – ist das nicht gerade heute enorm schwierig in einer Gesellschaft, die sich mehr denn je dem Leben widmet?

Glas:
Das hat zunächst sicherlich wieder etwas mit meinem Charakter zu tun. Wenn ein Thema angeblich nicht von Interesse ist, dann wird es für mich gerade spannend. Die Menschen fragen mich häufig: Es gibt so viel angenehmere Themen, warum gerade dieses?
Als mir das Amt nahe gelegt wurde und ich mehr darüber gelesen habe, dachte ich mir, gerade weil es noch ein Tabu-Thema ist, ist es wichtig. Dass die Menschen mit Hospizen zunächst einmal nichts anfangen können und das Sterben und Kranksein lieber verdrängen, ist für mich eine besondere Herausforderung. Das ist eine mühsame und Kräfte zehrende Aufgabe – und gerade deswegen habe ich es gemacht.

Ist es für Sie damit auch leichter geworden, selber über das Sterben nachzudenken?

Glas:
Leichter ist es sicherlich nicht geworden, aber natürlich beschäftigt man sich mehr mit dem Thema „Alter" und „Sterben". Nach der Wende hatte ich die Möglichkeit, Altenheime in der ehemaligen DDR zu besichtigen. Die waren in einem schrecklichen Zustand, dass ich nur dachte: „So darf man mit alten und kranken Menschen einfach nicht umgehen." Wenn ein Mensch ein Leben lang der Gesellschaft gedient hat und sein kleines Mosaiksteinchen dazu beigetragen hat und auch den Weg bereitet hat für die nächste Generation, dann hat es dieser Mensch verdient, in Würde alt zu werden. Das Gleiche gilt auch für Krankheit und Sterben.

In unserer Gesellschaft scheint manchmal nur noch die Jugend zu zählen. Diesen regelrechten „Jugendwahn", das Verdrängen der Achtung vor alten Menschen, halte ich für sehr, sehr gefährlich. Das müssen wir den Jungen beibringen, die ja selbst überhaupt keine Hemmschwellen vor alten Menschen haben. Man sieht ja oft, dass gerade die Kinder einen sehr guten Kontakt zur Oma oder zum Opa haben. Die „Workaholics" hingegen, also die Menschen, die in der Lebensmitte und im Beruf stehen, können hingegen scheinbar mit den Alten plötzlich gar nichts mehr anfangen. Und das dürfen wir meines Erachtens nicht zulassen. Das ist unmöglich! Wir müssen es schaffen, diese Achtung wieder zu stärken – so, wie es bspw. bei alten Kulturvölkern bis heute der Fall ist. Wo der alte Mensch geachtet und geehrt wird, selbst wenn er hinfällig geworden ist. Er ist und bleibt derjenige, der Rat geben und Erfahrungen mitteilen kann.

Jeder ist für die Gesellschaft wichtig – ob jung oder alt, ob gesund oder krank. Wir sollten das Alter schätzen, denn wir werden alle irgendwann alt.

Was haben Sie für Erwartungen an ein Leben nach dem Tod?

Glas:
Ich denke, dass unsere Lebensenergie nicht verloren geht. Ich kann nicht glauben, dass es mit dem Tod für immer enden soll. Ich sehe mein Leben als eine Art „Durchlaufstation" und Prüfung an: Ich habe stets verschiedene Möglichkeiten der Entscheidung, *wie* ich *was* angehe und durchführe. Diese Herausforderungen versuche ich täglich anzunehmen. Aber unser irdisches Leben kann nicht das absolute Ende sein. Und natürlich hilft mir der Gedanke an ein Leben nach dem Tod, mich immer wieder neu zu motivieren. Wie mühsam wäre es, wenn man nicht glauben könnte! Denn das Leben ist ja nicht nur immer schön. Es gibt ja genügend mühsame Geschichten, die ebenfalls zum Leben gehören.
Ich glaube an ein Leben nach dem Tod, weil ich keinen anderen Sinn sehe.

Der Eingriff in das menschliche Leben ist derzeit in der aktuellen Diskussion.
Nehmen wir die Gentechnik, die Fähigkeit, den Menschen aus der Erbsubstanz identisch zu verdoppeln. Wo müssen Ihrer Meinung nach Grenzen gezogen werden für die Veränderung der Schöpfung?
Darf der Mensch so grundsätzlich in die Natur eingreifen, dass er es nicht mehr rückgängig machen kann?

Glas:
Das ist eine sehr schwierige Frage. Wenn ich mir einen todkranken Menschen vor Augen halte, dem bspw. durch eine „Hautzüchtung" zu helfen wäre, wenn ich mir vorstelle, die Zuckerkrankheit oder bestimmte Krebsarten könnten durch einen gentechnischen Eingriff verhindert werden – dann bin ich grundsätzlich schon dafür. Natürlich darf man nicht dazu kommen, Menschen zu klonen. Aber wenn man etwas gegen Krankheiten finden könnte – bspw. gegen Aids, dann würde ich schon der Forschung Recht geben.

Das Interesse der Bevölkerung an weltanschaulichen Themen und an ethischen Fragen hat in den vergangenen Jahren dramatisch abgenommen. Was bedeutet das für unsere Gesellschaft?

Glas:
Das ist eine große Gefahr, wo meines Erachtens vor allem die Familien und Schulen gefragt sind. Diesen Themen muss insgesamt mehr Platz eingeräumt werden – auch wenn zunächst nur geringes Interesse daran bestehen sollte.
Diese Tatsache verdeutlicht einen enormen Egoismus, eine geradezu inhumane Entwicklung. Das Interesse an dem anderen entfällt mehr und mehr. Jeder ist sich selbst genug. Man sitzt vor dem Computer und surft stundenlang im Internet, ohne sich unterhalten zu müssen. Das sind ganz schlechte Auswüchse für mich. Die Gefahr der Vereinsamung wird immer größer – und der Weg daraus immer schwerer. Das finde ich verhängnisvoll, weil wir durch diese Entwicklung insgesamt oberflächlicher werden. Und das gilt ebenso fürs Fernsehen – bspw. für „Big Brother". Natürlich darf es meinetwegen auch eine solche Sendung geben. Aber wenn es das Prinzip wird, nicht mehr zu diskutieren, nicht mehr nachzufragen, nur noch oberflächliche Informationen anzubieten – dann halte ich das für absolut bedenklich.

Frau Glas, welche Pläne haben Sie für die kommenden zehn Jahre? Gibt es große Wünsche privat?

Glas:
Ja, natürlich! Wenn ich keine Träume oder Wünsche mehr hätte, dann könnte ich ja nur noch auf das Ende warten. Das wäre ja schrecklich.
Ein Wunsch wäre, dass ich weiterhin viele gute Rollen angeboten bekomme.
Privat würde ich gern einmal eine wirklich große Weltreise machen. Und es ist natürlich sehr spannend, wie sich meine Kinder weiter entwickeln und was sie einmal tun werden. Ich sehe dem ganzen Treiben mit guten Gefühlen entgegen.

Für mich war das Alter oder das Älterwerden bisher eigentlich nie ein Thema, weil die Tage zum Zerreißen voll sind und ich Spaß an den Anforderungen habe. Ich finde jeden Tag spannend!

Sie sagen von sich: Ich bin Schauspielerin auf der einen und Mutter auf der anderen Seite. Kriegt man das wirklich zusammen? Oder sind Sie nicht doch zu 90% Schauspielerin und zu 10 % Mutter?

Glas:
Nein, ich hab eigentlich die ganze Zeit erfolgreich versucht, im Jahr nicht mehr als sechs Monate zu drehen – und nach Möglichkeit immer in München. Die Innenaufnahmen zu „Zwei Münchner in Hamburg" sind bspw. alle hier in München gedreht worden. Das war damals eine Auflage, die ich dem Produzenten gemacht habe. Anders wäre es aufgrund der Kinder nicht gegangen. Und für die Story war es ganz egal, ob das nun eine Villa in Hamburg oder in München ist. Zimmer ist Zimmer.
Im vergangenen Jahr war ich zum ersten Mal vier Wochen am Stück zu Dreharbeiten weg. Es war das erste Mal seit 24 Jahren, dass ich durchgehend vier Wochen von zu Hause weg war! Davor habe ich das einfach nicht gemacht. Ich hab Rollen und Filme, die mir angeboten wurden und mir zeitlich nicht entgegenkamen, einfach abgesagt. Und das war wirklich nicht immer leicht. Ich wusste zwar, dass ich mich auf unser Kindermädchen absolut verlassen konnte, aber es war mir auch selbst wichtig, abends nach Hause kommen zu können. Also, dass ich am Tag arbeite, das find ich okay. Aber wenn ich dann abends nicht heimkommen könnte – oh Gott, nein, das wäre nichts für mich. Ich kann nicht rund um die Uhr arbeiten. Lieber bin ich dann zu Hause und schreibe, wenn die Kinder in der Schule sind.

Im Gespräch: Erwin Teufel

Ministerpräsident von Baden-Württemberg, Parteivorsitzender der Landes-CDU

„Einheit der Kirche nicht mit Einheitlichkeit verwechseln"

Wenn der politische Wind rauer weht, kann er sich auf seine Wurzeln verlassen: Ministerpräsident Erwin Teufel, mit 25 Jahren einst jüngster Bürgermeister Deutschlands, ist nicht nur für seine politische „Bodenhaftung" bekannt. Als Christ und Mitglied im Zentralkomitee der deutschen Katholiken beschäftigt sich der heute 62-Jährige intensiv mit den Grundsatzfragen des Glaubens.
Weiß Erwin Teufel von den Nöten der Diaspora-Christen? Und welche Chancen sieht er für die Kirche in der heutigen Gesellschaft?

Zitat Alois Glück: „Über wenig kann sich Erwin Teufel so leidenschaftlich äußern wie über Entwicklungen in unserer katholischen Kirche."
Herr Ministerpräsident, was überwiegt bei Ihren Äußerungen: Sorge oder Zuversicht?

Teufel:
Wenn ich aus meinem Glauben nicht eine große Zuversicht schöpfen würde, hätte ich meinen Beruf vermutlich schon lange aufgeben müssen. Und ich glaube, dass auch mein Verhältnis zu meiner Kirche insgesamt eher von Zuversicht als von Sorge getragen ist. Aber natürlich beobachte ich manche Entwicklungen in unserer Kirche auch mit einer gewissen Beunruhigung: Ich denke beispielsweise an die römischen Äußerungen zur Ökumene, an die Zunahme zentralistischer Tendenzen innerhalb der katholischen Kirche und an das in vielen Bereichen spürbare Auseinanderdriften von Kirche, Politik und Gesellschaft. Ich würde mir bei manchen Kirchenvertretern mehr Verständnis für die Eigengesetzlichkeiten eines demokratischen Rechtsstaates und einer pluralen Gesellschaft wünschen.

Auf dem Karlsruher Katholikentag forderten Sie die katholische Kirche auf, das im wirtschaftlichen Bereich weithin akzeptierte Subsidiaritätsprinzip auch für den innerkirchlichen Hausgebrauch einzusetzen. Wie kann dieses Prinzip konkret gelebt werden?

Teufel:
Das Subsidiaritätsprinzip ist eine der herausragendsten Errungenschaften der katholischen Soziallehre. Es besagt, dass Probleme nach Möglichkeit auf der Ebene gelöst werden sollten, auf der sie entstehen, und dass die nächsthöhere Ebene erst zuständig ist, wenn die Kräfte der kleineren Einheiten überfordert sind. Dann muss das Solidaritätsprinzip greifen. Das gemeinsame Wort der Kirchen zur wirtschaftlichen und sozialen Lage in Deutschland beschreibt dieses Spannungsfeld zwischen Subsidiarität und Solidarität in äußerst anschaulicher Weise.

In unserer staatlichen Ordnung – etwa beim Verhältnis zwischen den Gemeinden und den Ländern oder zwischen den Ländern und dem Bund – hat dieser Grundgedanke heute allgemeine Anerkennung gefunden. Ich finde es allerdings sehr betrüblich, dass das Subsidiaritätsprinzip zwar ein hervorragender „Exportartikel" der katholischen Kirche ist, dass es aber innerhalb unserer Kirche immer noch nicht die Rolle spielt, die es eigentlich verdient. In der katholischen Kirche gibt es nach wie vor starke zentralistische Tendenzen, die die Eigeninitiative, die Energie und die Phantasie in den einzelnen Ortskirchen oft zu ersticken drohen. In unserer Kirche wird Einheit immer noch zu oft mit Einheitlichkeit verwechselt. In besonders tragischer Weise zeigt sich dies für mich beim Rückzug der katholischen Kirche aus dem gesetzlichen System der Schwangerenkonfliktberatung. Nach meiner Überzeugung hat die Kirche in Deutschland im Namen einer vermeintlichen Einheitlichkeit und auf Drängen Roms auf ein wirksames Lebensschutzkonzept – nämlich die Beratungsregelung – verzichtet.

„Christliche Verantwortung soll unser Handeln prägen" – so lautet der erste Leitsatz des Unternehmers Claus Hipp. Und er bezieht dies vor allem auf ein verantwortungsvolles Management, einen fairen Umgang mit Mitarbeitern und Geschäftspartnern.
Was zeichnet die „christliche Verantwortung" des Politikers Erwin Teufel aus? Welches sind die Grundsätze Ihres politischen Handelns?

Teufel:
Christliche Verantwortung beinhaltet für mich zuallererst den unbedingten Respekt vor der Würde eines jeden Menschen. Bereits auf den ersten Seiten der Bibel finden wir drei Grundkoordinaten der menschlichen Existenz. Erstens: Nach biblischem Verständnis ist der Mensch als Gottes Ebenbild geschaffen. – Daraus leitet sich seine Würde ab. Zweitens: Wir Menschen haben von Gott einen Schöpfungsauftrag erhalten. – Dieser verpflichtet uns, immer wie-

der an unserer Welt und an uns selbst zu arbeiten, unsere Grenzen auszuloten und gestalterisch tätig zu werden. Und das Dritte, das die Bibel über uns Menschen sagt, ist, dass wir fehlbar sind. Dieses Bewusstsein der eigenen Fehlbarkeit hat einerseits eine entlastende Funktion: Wir wissen, dass wir im Letzten nicht für alles verantwortlich sind und dass wir unser Versagen in Gottes Hände legen können. Zugleich schützt uns das Wissen um die eigene Unvollkommenheit und Schwäche aber auch vor totalitären Allmachtsansprüchen und technokratischen Machbarkeitsvorstellungen.

„Blockieren" christliche Grundüberzeugungen politische Notwendigkeiten? In welchen Bereichen der Politik lassen sich christliche Grundüberzeugungen Ihres Erachtens keinesfalls durch Kompromisse einengen oder aushebeln?

Teufel:
Sie sprechen den Schutz des Sonntages an. Ich glaube in der Tat, dass es für unsere Gesellschaft unverzichtbar ist, dass die Menschen über gemeinsame freie Zeit verfügen und dass dieses hohe Gut nur in begründeten Ausnahmefällen wirtschaftlichen Interessen geopfert werden sollte. Im Übrigen muss man nicht unbedingt ein Christ sein, um zu dieser Einsicht zu gelangen, die ja mit gutem Grund auch Eingang in unser Grundgesetz gefunden hat.

Was die generelle Vereinbarkeit christlicher Grundüberzeugungen mit wirtschaftlichen Notwendigkeiten angeht, muss ich Ihnen sagen, dass ich ein leidenschaftlicher Anhänger des Ethos des Kompromisses bin. Mir fällt in der aktuellen gesellschaftspolitischen Diskussion kaum eine Frage ein, die sich nicht durch einen vernünftigen Kompromiss lösen ließe, der sowohl den sachlichen Notwendigkeiten als auch ethischen oder religiösen Überzeugungen der beteiligten Menschen Rechnung trägt. Als Politiker habe ich gelernt, dass wir uns durch scheinbare Notwendigkeiten oder Unvereinbarkeiten nicht abschrecken lassen dürfen.

Vielfach wird heute vom Werteverlust der Gesellschaft gesprochen. Nun kann man sicherlich nicht von einem Verlust von Werten, sondern vielmehr von einer Prioritätenverschiebung zugunsten anderer Werte sprechen. Die Frage bleibt allerdings: Was hält eine moderne Gesellschaft im Innern zusammen? Sehen Sie Gefahren für die Zukunft unserer Gesellschaft?

Teufel:
Es stimmt. Wir haben seit den 70er Jahren in unserer Gesellschaft einen Wertewandel erlebt. Traditionelle Pflichtwerte sind in den Hintergrund getreten, während umgekehrt die so genannten Selbstentfaltungswerte an Bedeutung gewonnen haben. Allerdings sollten wir diese Entwicklung nicht vorschnell verurteilen. Alle Jugendstudien, die in den letzten Jahren erschienen sind, belegen, dass gerade bei jungen Leuten Werte wie Familie, Treue und Ehrlichkeit einen sehr hohen Stellenwert haben.
Die baden-württembergische Landesregierung hat eine Zukunftskommission eingesetzt, die sich mit der Frage beschäftigt hat: Was hält die moderne Gesellschaft zusammen? Wie können die Bindekräfte unserer Gesellschaft angesichts der Herausforderungen der Moderne gestärkt werden? In ihrem Abschlussbericht gelangt die Kommission zu dem Ergebnis, dass in unserer Gesellschaft die Bereitschaft zu unentgeltlichem Engagement für die Mitmenschen heute größer ist als je zuvor und dass sich auch das Verhältnis zwischen den Generationen außerordentlich positiv gestaltet. Insofern glaube ich nicht, dass wir auf dem Weg in eine kalte „Ellenbogen-Gesellschaft" sind.

Christliche Religiosität – wie wir sie in unserem Lande kennen – schützt in der Regel vor rassistischen, nationalistischen und fundamentalistischen Einstellungen. Wie wird sich Deutschland entwickeln im Hinblick auf die zu beobachtende fortschreitende Abnahme dieser Religiosität in der Bevölkerung?

Teufel:
Man muss kein Christ sein, um zu wissen, dass Fremden-

feindlichkeit, Rassismus und politischer Extremismus zutiefst verwerflich sind. Dennoch ist Ihre Beobachtung richtig: Fast alle Werte unserer Gesellschaft bauen – zum Teil vermittelt durch die Aufklärung – auf einem christlichen Welt- und Menschenbild auf. Wenn wir als Christen diese Werte auch in Zukunft lebendig erhalten wollen, müssen wir sie leben und – biblisch gesprochen – Zeugnis von ihnen geben. Deshalb hielte ich es auch für einen schwer wiegenden Fehler, wenn die christlichen Kirchen sich in falsch verstandener Selbstabgrenzung aus den Brennpunkten der Gesellschaft zurückziehen würden. Gerade bei jungen Menschen gibt es eine große Sehnsucht nach Sinn und nach Religiosität. Als Christen dürfen wir diese Menschen mit ihren Fragen nicht allein lassen.

Im Osten Deutschlands stellen die Christen eine Minderheit dar. Dennoch erkennen nur noch wenige die Notwendigkeit, die Diaspora zu unterstützen. Das Bonifatiuswerk der deutschen Katholiken „konkurriert" mit anderen kirchlichen Hilfswerken, vorwiegend mit jenen, die humanitär-karitativ ausgerichtet sind. Wenn Sie zwischen einem Brunnenbau in Zaire und der Unterstützung Religiöser Kinderwochen in den ostdeutschen Bistümern entscheiden müssten, dann würde die emotionale Entscheidung sicherlich zugunsten des Entwicklungsprojektes fallen. Wird die Hilfe für Diaspora-Christen Ihres Erachtens auch zukünftig vermittelbar bleiben?

Teufel:
Man kann die Entwicklungshilfe für Menschen in existenzieller Not und die Unterstützung für Diaspora-Christen nicht gegeneinander aufrechnen, denn im Grunde ist beides notwendig. Gewiss: Die Menschen in der Diaspora leiden nur selten unter einem elementaren physischen Mangel. Dennoch halte ich die Diaspora-Hilfe für unverzichtbar. Sie ist Zeichen unserer christlichen Nächstenliebe und darüber hinaus auch Ausdruck des Verfassungsgrundsatzes der Religionsfreiheit: Wer Religionsfreiheit fordert, sollte auch dazu beitragen, dass seine Schwestern und Brüder über die notwendigen materiellen Grundvoraussetzungen für die Ausübung dieser Freiheit

verfügen. Hier leistet die Diasporahilfe einen unverzichtbaren Beitrag.
Im Übrigen schließen sich Hilfe zur Entwicklung und Diasporahilfe ja keineswegs aus: In vielen Teilen Osteuropas, aber auch in anderen Ländern der Erde ist die Diasporahilfe zugleich auch aktive Entwicklungs- und Lebenshilfe.

Im Gespräch: Heinz Sielmann

Tierfilmer, Verhaltensforscher und Zoologe

Zur Ehre Gottes und seiner Natur

Ein Leben für die Tiere! Seit über 60 Jahren erforscht Heinz Sielmann das Privatleben unserer Mitgeschöpfe. Kein Kontinent, den er nicht bereist hätte. Drei Fernsehgenerationen kennen den 84-Jährigen als Gast in ihrer guten Stube – und das zur besten Sendezeit! Nur wenige aber wissen, dass der berühmte Zoologe und Abenteurer sehr religiös geprägt ist. Die Krönung seines Wirkens ist eine eigene Naturstiftung für Kinder und Jugendliche. Sicher haben Inge und Heinz Sielmann das Umwelt- und Erlebniszentrum bei Duderstadt auch im Andenken an ihren 1978 verstorbenen Sohn ins Leben gerufen. Stephan wurde nur 24 Jahre alt und kam bei einem Unfall in Afrika ums Leben.
Im Gespräch berichtet der aktive Naturfreund und „Reporter der Schöpfung" über seinen Glauben, seine große Passion und seine besondere Zuneigung zur heutigen Jugend.

Herr Professor Sielmann, Sie wollten einmal Theologie studieren.
Was waren damals Ihre Beweggründe?

Sielmann:
Die Faszination für die Schöpfung und für die Natur ist mir angeboren. Ich hatte das Glück, in einem harmonischen Elternhaus groß zu werden, in dem Kultur, christlicher Glaube und eben auch Naturliebe eine große Rolle spielten.
Geboren wurde ich im Rheinland, doch aufgewachsen bin ich in Königsberg, in der dünn besiedelten und atemberaubend schönen Landschaft Ostpreußens. Nun müssen Sie wissen: Bis zu meinem 18. Lebensjahr war ich von geradezu zwergenhaftem Wuchs und habe furchtbar unter den extrem kalten Wintern des Ostens gelitten. Und dann war es jedes Mal wie eine Offenbarung für mich, wenn im Frühling die ersten warmen Winde wehten, das Eis schmolz, die Knospen aufsprangen und meine gefiederten Freunde zurückkehrten. Das war ungemein bewegend: eine Auferstehung der Natur, die für mich jedes Mal mit Gott zu tun hatte! In der Kirche hörte ich dann von Ostern und der Auferstehung Jesu. Und all dies wurde zum Grund, warum ich richtig fromm wurde und gedacht habe: Dieses Wunder, diese Neugeburt des Lebens, die jedes Jahr auf uns zukommt, möchte ich den Menschen näher bringen. Und da beschloss ich, Theologie zu studieren. Deshalb besuchte ich auch das humanistische Gymnasium und quälte mich mit Griechisch und anderen alten Sprachen.

Bekanntlich haben Sie sich doch für die Zoologie und den Tierfilm entschieden …

Sielmann:
Tiere begeisterten mich, soweit ich denken kann. Ich beobachtete schon als Kind die Wiesenvögel meiner Heimat und schwänzte die Schule. Und mitunter nahm mich meine liebe Mutter mit ins Kino, wo im Vorprogramm damals fantastische Naturfilme liefen. Da sagte ich eines Tages zu meiner engsten Verbündeten: Liebe Mutter, ich liege vollkommen falsch mit

dem Theologiestudium. Meine Berufung ist es, den Menschen diese Schönheit zu *zeigen*. Das Besondere meines Lebens wurde also nicht das *Reden* über Gott und seine Schöpfung, sondern das *Zeigen*, in der Form des Tierfilms. Das ist meine Passion.

Als Tierfilmer bereisten Sie dann die ganze Welt. Ist Ihnen Ihre religiöse Motivation dabei erhalten geblieben?

Sielmann:
Im Jugendalter habe ich in den Herbstferien schon einmal an der damals weltberühmten Vogelwarte Rossitten in Ostpreußen mitarbeiten dürfen. Am Eingang der Beobachtungsstätte, wo man das Wunder des millionenfachen Vogelzuges verfolgen konnte, stand der Spruch „Zur Ehre Gottes und seiner Natur". Mich hat dieser Satz sehr berührt und mein Leben lang begleitet. Und so habe ich immer meine „Expeditionen ins Tierreich" genutzt, um in Unterrichts- und Unterhaltungsfilmen diese Schönheit erlebbar zu machen: zur Ehre Gottes und seiner Natur. Meine Einstellung hat sich nie verändert.

Bei Ihren „Expeditionen ins Tierreich" – was war da Ihr imposantestes Erlebnis, Ihr größtes Abenteuer?

Sielmann:
Das waren die Berggorillas, die ich im Auftrag des belgischen Königs 1957 im Kongo filmte. Diese gewaltigen Tiere werden 4½ Zentner schwer. Ihr Privatleben zu beobachten war ein großartiges Erlebnis. Oft wurden die Gorillas vermarktet als King-Kong, als angriffswütige, Frauen raubende Unholde. So macht man mit der Natur nur das große Geld. Nichts davon ist wahr. Die Verhaltensforschung und meine persönlichen Begegnungen in der Wildnis haben gezeigt: Es sind die gutmütigsten Geschöpfe, die es gibt – natürlich nur, wenn die Menschen sie nicht bedrohen und angreifen. Es hat eine Zeit gegeben, wo Fangexpeditionen ausgezogen sind, weil man mit einem Gorilla, Orang-Utan oder Schimpansen 10 000-15 000 € machen konnte, und da hat man die Mütter tot ge-

schossen, um die Kinder der Gruppe zu rauben. Dann haben sie ein Recht anzugreifen, sich zu verteidigen.

Nun ist die Natur heute bedroht wie nie. Der Mensch nimmt sich zum Maß der Dinge, wo er Gott vergisst …

Sielmann:
Ich glaube, dass die vielen Naturkatastrophen – die immer häufigeren und intensiven Erdbeben und Überschwemmungen etwa – Warnzeichen der Schöpfung für unsere Maßlosigkeit sind, Zeichen vom lieben Gott, dass wir die Natur, von der wir leben, zu sehr beeinträchtigen. Das sollte uns ernsthaft zu denken geben: Mit unserem Luxus, unseren Zweit- und Drittwagen, unserem Massentourismus, versündigen wir uns gegenüber unseren Kindern und Enkeln.

Die Menschen haben einen zweiten Sündenfall begangen in einem beispiellosen Missbrauch von Schöpfung und Technik. Das Wort Ehrfurcht ist heute ein Fremdwort. Wir brauchen wieder eine mehr demütige Haltung, mehr Enthaltsamkeit und Rücksichtnahme. Wir stehen vor gigantischen Herausforderungen: In meiner Kindheit gab es etwa 1,8 Milliarden Menschen, heute sind es sechs Milliarden, in dreißig Jahren werden es wahrscheinlich neun Milliarden sein. Dabei wird nachweislich heute bereits eine Milliarde nicht ausreichend satt. Und wir Europäer leben auf Kosten der Mehrzahl …

Sehen Sie denn die Zukunft eher pessimistisch?

Sielmann:
Im Gegenteil: Ich bin und bleibe ein glühender Optimist. Wir haben keinen Grund zu verzweifeln. Gerade die Kirche hat eine großartige Botschaft und fähige Leute, die den Menschen helfen können, wieder mehr Ehrfurcht vor dem Leben zu haben. Davon bin ich überzeugt. Im Umweltbewusstsein der Leute hat sich sehr vieles zum Positiven entwickelt. Trotzdem wird der Druck auf die Natur natürlich immer größer, je stärker die Zahl der Menschen wächst.

Was bewegt Sie heute besonders?

Sielmann:
Zusammen mit meiner Frau habe ich im Eichsfeld, bei Duderstadt, eine Stiftung ins Leben gerufen und ein altes Gut zu einem Natur- und Erlebniszentrum umgebaut. Dort sollen junge Menschen die Schönheit der Schöpfung durch persönliches Erleben hautnah begreifen. Sie sollen staunen über die Schönheit der Schöpfung. Und das ist die Krönung meines Schaffens „zur Ehre Gottes und seiner Natur".
Wissen Sie, man liebt nur, was man kennt. Das hat schon Augustinus gesagt. Deshalb ist es so wichtig, die Natur mit allen Sinnen kennen zu lernen. Denn was ich nicht kenne, kann ich nicht schützen! Auf Gut Herbigshagen haben wir einen enormen Zulauf. Insgesamt kamen im vergangenen Jahr mehr als 32 000 Besucher.

Dort haben Sie vor einigen Jahren auch eine Kapelle errichten lassen, die dem hl. Franziskus geweiht ist …

Sielmann:
Das geschah auf Wunsch meiner lieben Frau. Zu solchen Höfen gehörte früher im Eichsfeld immer auch eine Kapelle. Hier war ein Ort des Gebets für die auf dem Gut arbeitenden Menschen. Aber uns ging es natürlich nicht um eine historische Konstruktion eines Gebäudes, sondern um den tieferen Sinn. Wir wollten zeigen, dass der Naturschutzgedanke schon in der Bibel und im christlichen Brauchtum grundgelegt ist. In dieser Tradition möchten wir ganz bewusst stehen.
Es gibt – wenn man so sagen will – einen heiligen Naturschützer: Franziskus. Er sah in den Geschöpfen Gottes Spuren und rief dazu auf, allen Kreaturen als Bruder und Schwester zu begegnen. Für ihn war das Verhältnis zwischen Mensch und Natur noch geprägt von großer Freude und Zärtlichkeit. „Gott wünscht, dass wir den Tieren beistehen, wenn es vonnöten ist", hat Franziskus einmal gesagt. Treffender kann man unsere Philosophie nicht zum Ausdruck bringen. Für ihn gilt all das, was ich Ihnen über Ehrfurcht und Demut erzählt habe.

Der Papst hat beim Weltjugendtreffen in Rom gesagt, die Kirche sei eine junge Kirche und darüber freue er sich sehr. Wie schätzen Sie persönlich die heutige Jugend ein?

Sielmann:
Die heutige Jugend ist sehr aufgeschlossen. Sie muss nur richtig angesprochen werden. Wir Erwachsenen haben hier eine große Verpflichtung und Aufgabe. Wir müssen ihnen zeigen, dass die Welt voller Wunder ist und dass man ehrfurchtsvoll mit ihr umgehen muss.

Hinter jedem erfolgreichen Mann steht eine starke Frau. Hat Ihre Frau nicht manchmal geschimpft, wenn Sie ständig unterwegs waren?

Sielmann:
Wir sind jetzt 50 Jahre sehr glücklich verheiratet. Wer seine Frau liebt, der nimmt sie nicht mit in die Eiswüste oder den Dschungel. Natürlich war es schwer, wenn ich sagte: Wir sehen uns in 17 Monaten wieder, bis dahin habe ich die Tiere in den tropischen Regenwäldern ausreichend auf dem Film. Da hatten es die Seemannsfrauen früher noch leichter …

Sie lieben Tiere über alles. Warum halten Sie selbst kein Haustier?

Sielmann:
Eben weil ich die Tiere liebe, und die Haltung eines jeden Tieres ist eine große Verpflichtung. Das gilt sogar, wenn man sich ein Aquarium anschafft. Wenn man so viel unterwegs ist, fehlt die Zeit, sich den Tieren zu widmen und sie zu pflegen. Ich bin von Beruf ja ein Zigeuner „in Sachen Tiere" – ich bin immer noch mehr unterwegs als daheim.

Zum Schluss: Welche Tiere mögen Sie besonders?

Sielmann:
Alle Tiere. Jedes Tier ist ein Wunder in sich, ein Geschöpf Got-

tes. Es ist in seiner Art genial. Das will ich nicht werten. Wenn Sie mich nach meinem Lieblingstier fragen, ist es der Europäische Fischotter, der zauberhafte Wassermarder.

Im Gespräch: Wolfgang Thierse

Präsident des Deutschen Bundestages, ehem. Vorsitzender der SPD in der DDR, langjähriger stellv. SPD-Fraktionsvorsitzender

Das „Mundwerk" der Ostdeutschen

Mit der Wahl Wolfgang Thierses im Oktober 1998 zum Präsidenten des Deutschen Bundestages bekleidet erstmals ein Bürger der ehemaligen DDR das zweithöchste Amt im Staat. Der Vater zweier Kinder, der im Jahre 1943 in Breslau geboren wurde und in der Diaspora des thüringischen Eichsfeldes aufwuchs, gilt heute als „Mundwerk der Ostdeutschen". Trotz seiner vielfältigen politischen Aufgaben nimmt sich der engagierte Katholik Zeit für die Mitarbeit im Zentralkomitee der deutschen Katholiken. „Und das nicht nur zu Stippvisiten", wie Thierse betont.

Sie sind in Breslau geboren und in der thüringischen Diaspora aufgewachsen – wo und durch wen haben Sie in Ihrem Leben die entscheidende Prägung im Glauben erfahren?

Thierse:
Es war vor allem das unwiderlegliche Zeugnis meiner Eltern, das mich zum Christen gemacht hat. Ich bin ja in einem katholisch-geprägten Elternhaus aufgewachsen in einer damals sehr protestantischen Gegend. Diese Minderheitserfahrung hat mich geprägt und auf eine bestimmte Weise sogar selbstbewusst gemacht.

Sie haben in Ihrer Kindheit nicht an der allgemein üblichen Jugendweihe teilgenommen. War dieser Schritt damals eine bewusste Entscheidung für den christlichen Glauben oder gegen die staatliche Institution Jugendweihe?

Thierse:
Es war sowohl eine Entscheidung für das eine als auch gegen das andere. Das hing eng miteinander zusammen. Wenn man sich wirklich als katholischer Christ verstanden hat, dann war diese Art des „atheistischen Bekenntnisses" natürlich undenkbar. Und gerade in der frühen Phase der DDR war die Jugendweihe eben nichts anderes als ein „atheistisches Bekenntnis".

Welche persönlichen Erfahrungen verbinden Sie – als ein „Kind der Diaspora" – mit dem einzigen katholischen Diaspora-Hilfswerk in Deutschland, dem Bonifatiuswerk der deutschen Katholiken?

Thierse:
Als Jugendlicher waren mir weder der enorme Umfang noch die Art der Hilfe des Bonifatiuswerkes bekannt. Ich habe damals nicht geahnt, was die Hilfe aus dem Westen für die Kirche im Osten bedeutete. Erst sehr viel später erfuhr ich, dass unsere Gemeinden in der DDR sowohl materiell und finanziell als auch geistig ganz wesentlich auf die Unterstützung aus dem Westen angewiesen waren.

Hat Ihr Vater, als ehemaliger Kreistagsabgeordneter der Ost-CDU, in Ihnen das politische Interesse geweckt?

Thierse:
Sicherlich hat auch mein Vater einen großen Anteil daran. Aber ich war eigentlich schon als kleiner Junge politisch interessiert. Ich kann mich immer noch an das erste politische Ereignis erinnern, das mir im Gedächtnis geblieben ist: Das war der Sturz der Regierung Mossad in Persien. Und das war im Jahre 1952. Da war ich gerade einmal acht Jahre alt. Damals gab es bei uns keinen Fernseher, sondern nur die Radio-Nachrichten. Wir haben dann auch in der Familie darüber gesprochen – und so ist es mir in Erinnerung geblieben. Das war der Putsch, in dem der Schah an die Regierung kam – übrigens auch mit maßgeblicher Unterstützung der damaligen US-Regierung. Es ging schon damals um Erdöl, wie es in diesem Gebiet immer um Erdöl geht.

Ein Zitat über Sie lautet: „Er erweckt nicht den Eindruck, die Wahrheit gepachtet zu haben." Wie sehen Sie sich selbst? Prägt Ihr Glaube den Stil Ihres Auftretens?

Thierse:
Das müssen vor allem andere beurteilen. Ich kann so viel sagen: „In meinem Kopf hat mehr als eine Meinung Platz." Und wenn das so ist, dann hat man eine natürliche Einstellung, die man Toleranz nennt. Es ist die Fähigkeit, auch andere Meinungen zu akzeptieren, ohne jedoch die eigene damit plötzlich für falsch zu halten. Man tritt also durchaus für die eigene Meinung ein – aber man kann auch mit dem Widerspruch der anderen leben. Das ist, denke ich, für eine Demokratie und für ein Parlament eine sehr gute Einstellung.

Wo gibt es Spannungen zwischen Ihrer christlichen Glaubensüberzeugung und Ihrem politischen Handeln?

Thierse:
Ich hoffe, dass es immer wieder Spannungen gibt! Denn was

hätte ich für einen Glauben, würde er keine Spannungen erzeugen. Was hätte ich für einen Glauben, wenn er nicht dazu führen würde, dass man sein eigenes politisches Handeln auch in Frage stellt oder überprüft. Es geht nicht allein um die Maßstäbe *richtig* oder *falsch,* sondern vor allem *gut* oder *böse.* Und diese Maßstäbe werden bestimmt durch Überzeugungen, zu denen auch der christliche Glaube gehört, aus dem moralische Grundeinstellungen folgen. Das heißt nicht, dass in der Tagespolitik ständig moralische Fragen gestellt werden. Viele sind ganz einfach pragmatische Fragen, die nicht sofort zu Gewissensfragen umstilisiert werden dürfen. Aber das man doch danach fragt, hat etwas mit dem zu tun, was man als Christ für gut hält. Und diese Frage beschäftigt mich schon sehr.
Aus der Frage nach der Moral ergibt sich meines Erachtens eine Absage an jeglichen Fanatismus. Daraus ergibt sich die Ablehnung von persönlichem Egoismus. Und daraus ergibt sich für mich der Einsatz für so „altmodische Ideen" wie sozialen Ausgleich, Gerechtigkeit und Solidarität. Wie schwierig das auch immer sein mag. Das sind die natürlichen Folgerungen, wenn ich mich selbst als Christ verstehe.

Die Deutschen besitzen eine gemeinsame Geschichte in doppelter Staatlichkeit und zugleich vierzig Jahre getrennte Erfahrung. Wie hat sich dies Ihres Erachtens auf die katholische Kirche in Deutschland ausgewirkt?

Thierse:
Zunächst ist festzuhalten, dass die katholischen Christen in der damaligen DDR ein Teil der katholischen Weltkirche waren. Und doch haben sie in einer anderen Welt gelebt. Die katholische Kirche in Ostdeutschland war eine kleine, materiell und auch intellektuell eher bescheidene Kirche, geprägt von mancherlei Ängstlichkeit, allzu sehr beschäftigt mit dem eigenen „Überleben". Und ich sage das ohne Vorwurf.

Es war jene berühmte Strategie, die der damalige Bischof Spülbeck in den Satz fasste: „Dies ist nicht unser Haus, aber wir haben auch für Ordnung zu sorgen und die Treppe zu kehren." Das war ein sehr hübsches Bild, welches die Situation richtig beschrieben hat. Die katholischen Christen hatten bestenfalls die Treppe zu kehren, durften sich aber nicht im Salon aufhalten.

Ich erkannte in diesem Bild aber auch etwas anderes, was mir immer problematischer erschien: die fehlenden Bemühungen, dieses Haus auch als eigenes Haus zu betrachten und darum zu kämpfen, an der Ordnung dieses Hauses und seinem Ausbau mitzuwirken. Das war damals – meines Erachtens – vergessen worden. „Das ist nicht unser Haus" – das stimmte natürlich. Aber den Anspruch zu haben, Veränderungen voranzutreiben und es zum eigenen Haus zu machen – den hatte eher die evangelische Kirche, mit allen Problemen, die das mit sich gebracht hat.
Die katholische Kirche hat in Ostdeutschland unfreiwillig und nachgebend allzu wenig an ihrem öffentlichen Anspruch festgehalten. Für die Kirche in Westdeutschland war der öffentliche Anspruch, die öffentliche Präsenz, der Einfluss auf die Gesellschaft etwas absolut Selbstverständliches. Vielleicht war das der größte Unterschied zwischen den Kirchen in West- und Ostdeutschland.

Gab und gibt es im Bereich der Kirche – nach der Vereinigung – die von Ihnen geforderte Bereitschaft zum Zuhören, um aus den unterschiedlichen Erfahrungen zu lernen?

Thierse:
Wir sprechen in diesem Bereich immer von der Vereinigung der west- und ostdeutschen katholischen Kirche, die Zuhörbereitschaft beinhalten sollte. Doch ist das Wort Vereinigung unpassend, weil die katholische Kirche im Osten ja immer auch ein Teil der Weltkirche war. Das schließlich erfolgte Zusammengehen ist natürlich nach dem gleichen Grundmuster erfolgt wie bei der staatlichen Vereinigung: Der Westen hat Recht, der Osten hat etwas zu lernen und zu übernehmen. Und das ist von den katholischen Christen in Ostdeutschland

natürlich nicht als angenehm empfunden worden. Ich frage mich, ob es gut war, den westdeutschen Katholizismus in seiner ganzen Differenziertheit und in all seinen Facetten übernommen zu haben.

Der ostdeutsche Katholizismus war vor allem durch die Gemeinde geprägt. Es war ein Gemeinde-Katholizismus, nicht ein Verbände-Katholizismus, der damals ja gar nicht möglich war. Ich möchte damit nicht sagen, dass dies etwas Begrüßenswertes war. Aber es ist ein gravierender Unterschied gewesen. Die Gemeinde war sozusagen der Ort der Existenz der katholischen Christen, nicht irgendwelche Verbände.
Nach der Wende wurden die Strukturen des westdeutschen Katholizismus – und das hieß natürlich auch die finanziellen Strukturen – komplett übernommen.
Nur ist der ostdeutsche Katholizismus quantitativ noch immer nicht stark genug. Und materiell ist er ohnehin schwach.

Spiegelt sich die Bedeutung der Kirche in der Zeit der Wende in der heutigen Rückbetrachtung angemessen wider?

Thierse:
Zunächst einmal haben die Kirchen – vor allem die evangelische Kirche – in den Wendemonaten eine nicht zu überschätzende Rolle gespielt. Und das ist ja auch in Erinnerung geblieben. Jeder hat gesehen, wo sich die Menschen versammelt haben: in der Getsemanikirche in Berlin, in der Nikolaikirche in Leipzig und in vielen anderen. Die Kirchen waren schon vorher das Dach, unter dem sich die Oppositionsgruppen versammeln konnten, unter dem in einem System der Unfreiheit relative Freiheiten möglich waren.

Diese außerordentliche Rolle in der zu Ende gehenden DDR hat dazu geführt, dass man die Kirche plötzlich in ihren realen Möglichkeiten, in ihrer Attraktivität und im Zustrom von Menschen zu ihr überschätzt hat.
Und jetzt sind wir alle plötzlich ernüchtert beim Betrachten der derzeitigen Situation: In Ostdeutschland gehören etwa ein

Viertel der Menschen einer der beiden christlichen Kirchen an – nicht mehr, aber auch nicht weniger. Die Volkskirche gibt es in Ostdeutschland schon lange nicht mehr. Der Prozess des Entschwindens der Volkskirche begann in den fünfziger Jahren. Er war in den sechziger Jahren schon fast vollendet. Und für die katholische Kirche galt ja ohnehin, dass man – mit Ausnahme des katholischen Eichsfeldes – nie eine Volkskirche war. Sie war immer eine kleine Minderheit mit all den Problemen, die Minderheiten haben. Aber eben auch mit ihren Stärken.
Zu den Schwächen zähle ich eine Art „Wagenburg-Mentalität". Auf der anderen Seite war diese Minderheiten-Kirche deutlich bekenntnisfähiger als eine Millieu-Kirche.

Sie gelten in der Politik als „Mundwerk der Ostdeutschen". Welche Möglichkeiten haben Sie, beispielweise im Zentralkomitee der deutschen Katholiken, um die Belange der ostdeutschen Diaspora zur Sprache zu bringen?

Thierse:
Ganz einfach: Ich sage meine Meinung. Dabei habe ich natürlich den Vorteil, dass ich in gewisser Weise eine „Respektsperson" bin – qua Amt und qua Herkunft, vielleicht aber auch durch die Art und Weise, wie ich mich artikuliere. Jedenfalls bemerke ich schon, dass es auch den Mitgliedern des ZdK nicht selbstverständlich erscheint, dass ein Politiker in einem zeitraubenden Amt sich Zeit nimmt für das Zentralkomitee der deutschen Katholiken. Und das nicht nur zu Stippvisiten, sondern um dort zuzuhören und intensiv mitzudiskutieren.

Die ostdeutsche Bevölkerung ist durchschnittlich zu 5 % katholisch. Spiegelt dieser Prozentsatz auch die aktuelle Rolle der Kirche in Ostdeutschland wider?

Thierse:
Das ist sicherlich schwer zu bemessen. Die katholische Kirche in Ostdeutschland hat eigentlich immer nur etwa 5% der Bevölkerung umfasst, trotzdem hat sie in bestimmten Fragen eine gewichtige Rolle gespielt. Und zwar immer dann, wenn

sie „Schutzmacht“ für angefochtene, für politisch oder sozial gefährdete Menschen gewesen ist. Das muss sie weiter bleiben, sonst wird ihre Bedeutung unter 5% rutschen.

Welche Bedeutung kommt der katholischen Kirche in der Wertevermittlung zu?

Thierse:
Sie kann nur Werte vermitteln, wo sie Menschen erreicht. Und sie kann zunächst nur diejenigen erreichen, die zu dieser Kirche gehören.
Sie kann sie also erstens erreichen in traditionellen Strukturen: über die Familien und über den Religionsunterricht. Und zweitens durch ein deutliches, verständliches Wort, das sich ins menschliche Leben einmischt und das nicht um der Reinheit der Lehre willen sich von den wirklichen Widersprüchen und Nöten der Menschen zurückzieht. Ich halte die Weisung aus Rom, aus der gesetzlichen Schwangerschaftskonfliktberatung auszuscheiden, für fundamental falsch. Das wird meines Erachtens einen schweren Glaubwürdigkeitsverlust der Kirche nach sich ziehen, der kaum reparabel ist.

Wie sehen Sie die Entwicklung der Kirche? Wovon sollte sich die Kirche verabschieden, damit sie zukunftsfähig bleibt oder wird?

Thierse:
Na, ich bin ja zum Glück kein Prophet. Aber ich glaube, dass die Kirche diesen Widerspruch zwischen der Reinheit der Lehre und den Nöten der Menschen aushalten muss. Nur wenn sie ihn aushält, wird sie eine wirkliche Zukunftschance haben, nämlich die notwendige, widersprüchliche Spannung zwischen der Eindeutigkeit und Entschiedenheit des eigenen Bekenntnisses und der Fähigkeit, dieses Bekenntnis ins praktische Leben der Menschen zu übersetzen. Wenn man von Gott redet, kann man das nur überzeugend tun in der Form der Nächstenliebe, in der Form der Solidarität, der Begleitung von Menschen und nicht gegen sie.

Wenn die Kirche diese Spannung nicht aushält, sondern sich zurückzieht auf sich selber, um der Reinheit der Lehre willen, dann wird sie für die Menschen uninteressant, weil sie ihnen in ihrem praktischen Leben nicht hilft.

Sie sprachen sich für öffentliche Ausschusssitzungen des Parlaments aus. Das Hin zu mehr Beteiligung der Bevölkerung und zur Einsichtnahme in Entscheidungsprozesse – gilt das Ihres Erachtens auch für den kirchlichen Bereich? Wie könnte das aussehen?

Thierse:
Die katholische Kirche hat nie den Anspruch erhoben, eine demokratische Institution zu sein, und man muss diesen Unterschied zunächst einmal zur Kenntnis nehmen und respektieren. Über Glaubensinhalte und über die Lehre kann man nicht nach der Mehrheitsregel entscheiden, die die entscheidende Regel in der Demokratie ist.

Doch auch in der Kirche gibt es natürlich die Notwendigkeit, mehr Menschen an Entscheidungen zu beteiligen. Ich weiß, das ist ein brisantes Thema, aber die katholische Kirche wird sich die dauerhafte Zurücksetzung und Entmündigung der Frauen nicht weiter leisten können. Sie wird sich die Zurücksetzung der Laien nicht weiter leisten können. Als „Priester- oder Bischofskirche" wird sie jedenfalls keine Zukunft haben.

Es kann wohl sein, dass die Zukunft in den kleinen Gemeinden liegt, in den „Bekenntnis-Inseln" der Gesellschaft, in den Bekenntnis-Gruppen, die sich um einen glaubensstarken Hirten sammeln. Aber ich glaube nicht, dass das eine wirksame und für die Menschen hilfreiche Kirche sein wird. Wir müssen die Bekenntnistreue, die Eindeutigkeit des Bekenntnisses immer wieder neu übersetzen ins wirkliche Leben. Das ist eine Aufgabe, die Priester und Bischöfe niemals erledigen können, das machen immer die Laien.

Im Gespräch: Vicky Leandros

Sängerin

„Glaube muss einen Ort haben!"

Vicky Leandros steht für unzählige internationale Gold- und Platinauszeichnungen. Doch die gebürtige Griechin, die mit ihrer Familie auf einem Landgut in Schleswig-Holstein wohnt, hat mehr zu bieten: Im Gespräch berichtet die dreifache Mutter über ihre Kindheit, nimmt Stellung zu den Erfahrungen der „Wende" und spricht offen über den Stellenwert der Religiosität in ihrem Leben.

Das Elternhaus spielt eine entscheidende Rolle bei der (christlichen) Erziehung junger Menschen. Sie sind zunächst bei Ihren Großeltern aufgewachsen, mit sechs Jahren dann Ihren Eltern nach Hamburg gefolgt. Wer hat Sie religiös geprägt?

Leandros:
In den ersten Jahren hat mich vor allem meine Großmutter geprägt, die ihren griechisch-orthodoxen Glauben sehr engagiert gelebt hat. Meine Großeltern gingen regelmäßig in die Kirche. Und diesem Beispiel folgte ich als Kind natürlich. Ich kann mich noch sehr genau daran erinnern, dass die Auferstehung Christi ein noch größeres Ereignis als das Weihnachtsfest war. In der Woche vor Ostern standen wir häufig bis zu fünf Stunden in der Kirche. Also wirklich prägende Erinnerungen! Und meine Großmutter war es auch, die mir viel über den Glauben und überhaupt über das Christentum erzählt hat.
Als ich dann mit sechs Jahren meinen Eltern nach Deutschland folgte, ging ich hin und wieder noch in eine griechisch-orthodoxe Kirche. Da mein Mann katholisch getauft, jedoch zugleich Patron der örtlichen evangelischen Kirche ist, gehen wir heute in der Regel in die katholische Kirche, zu speziellen Anlässen jedoch auch in die evangelische.

Mit 13 Jahren hatten Sie Ihr erstes Schallplattendebüt und Ihren ersten TV-Auftritt – also als „Kinderstar", der noch zur Schule ging. Haben Sie sich manchmal im Nachhinein gefragt, was Ihre Kindheit eigentlich ausgemacht hat, wo sie geblieben ist?

Leandros:
Nein, eigentlich nicht. Und ich empfand mich damals auch nicht als „Kinderstar". Ich habe meine erste Platte zwar mit 13 Jahren gemacht, ging aber weiterhin zur Schule. Und im Fernsehen bin ich zu der Zeit noch nicht häufig gewesen.

Ich habe nicht das Gefühl, dass ich sehr viel von meiner

eigentlichen Kindheit versäumt habe. Ich hatte immer Freundinnen und Freunde um mich herum. Und ich hatte stets genug Zeit, überall dabei zu sein. So kommt es mir jedenfalls im Rückblick vor. Und es war auch keineswegs so, dass ich nun ständig arbeiten musste. Also, die Zeit damals war schon sehr schön. Ich habe sehr viel gefeiert und ich bin sehr viel ausgegangen. Ich war ein wirklich fröhliches, aufgeschlossenes, positiv eingestelltes Kind.

Die „Stars" – ob im Sport oder in der Showbranche – werden immer jünger. Tut diese Entwicklung jungen Nachwuchskräften und Talenten gut?

Leandros:
Inzwischen ist es ja fast normal, dass viele bereits mit 15 oder 17 Jahren auf der Bühne stehen und Erfolge feiern. Zu meiner Zeit war das wirklich noch die Ausnahme. Ich glaube, dass es mir gut getan hat, weiterhin in der Schule und im Freundeskreis verankert gewesen zu sein. So habe ich die „Bodenhaftung" nicht verloren.
Und auch der Glaube spielte eine wichtige Rolle. Wer auf diese Weise „geerdet" ist, hebt bei den ersten Erfolgen nicht gleich ab. Aber die ersten Erfolge waren bei mir am Anfang ja auch gar nicht so gravierend und einschneidend, dass sich nun auf einmal das ganze Leben geändert hätte. Sie waren zunächst einmal ziemlich klein. Sie kamen nach und nach, was mir gut tat, weil man dann langsam lernt, damit zurechtzukommen. Stufe für Stufe.

Heute ist es sicherlich für viele junge Talente sehr schwierig, auf dem Boden zu bleiben. Und wie auch – wenn der Erfolg sofort vor der Tür steht und die Millionen winken. Man muss doch erst langsam lernen, damit umzugehen. Erfolg muss verarbeitet werden können. Man muss sich – gerade als junger Mensch – Schritt für Schritt damit auseinander setzen. Nur so kann man dann auch zu der Erkenntnis gelangen, dass Geld eben doch nicht alles im Leben ist. Doch bevor man dahinkommt, muss man sich sehr viele Gedanken machen.

Also, ich denke schon, dass heute vieles zu schnell geht. Und das tut keinesfalls immer nur gut!

Macht Erfolg einsam?

Leandros:
Der Erfolg ist zunächst mal etwas ganz Wundervolles. Wenn man allerdings nach einem berauschenden Konzert in sein Hotelzimmer kommt und plötzlich ganz allein ist – dann ist das schon schwierig. Ich habe mir immer viele Gedanken gemacht, was ich eigentlich wirklich möchte, was mir wirklich wichtig ist. Klar war, dass mein künstlerisches Engagement niemals alles sein sollte. Ich habe mir immer schon eine Familie gewünscht. Kinder, für die ich mich einsetzen kann. Nun trifft ja bekanntlich nicht alles so ein, wie man es sich wünscht. Aber wenn man etwas ganz Bestimmtes vorhat und konsequent in diese Richtung zielt – dann kommt man ganz langsam auch dahin.

Ich habe vor 22 Jahren mein erstes Kind bekommen, einen Sohn, und Mitte der 80er Jahre dann meine beiden Töchter. Die kamen ziemlich schnell hintereinander. Zu der Zeit habe ich überhaupt nicht ans Arbeiten gedacht. Da wollte ich erst einmal meine Kinder großziehen. Und ich wollte selbstverständlich bei ihnen bleiben. Das soll nicht heißen, dass es keine Angebote gab. Es gab sogar sehr viele. National und international. Doch außer einigen wenigen Fernsehauftritten habe ich keine Verpflichtung angenommen. Die Kinder waren einfach zu klein – und zu wichtig.

Kinder als neuer „Sinn des Lebens" …

Leandros:
… ja, ich hatte das seit vielen Jahren im Kopf . Es war durchaus ein neuer „Sinn des Lebens" für mich als Frau. Ich empfand es auch sehr schön, zu Haus zu sein, gar nicht zu arbeiten. Und ich hatte zu keiner Zeit Angst, meiner Karriere zu schaden und den Erfolg dadurch zu verlieren. Die Angst hatte

ich überhaupt nicht. Ich fühlte mich zu Hause sehr wohl mit meiner Familie, mit meinem Mann und den drei Kindern. Und ich möchte wirklich keine Minute davon missen. Es war eine wichtige Zeit für meine Kinder, dass ich da war, dass ich sie selbst erzogen habe. Und deswegen kann ich heute auch sagen: Wir sind uns sehr, sehr nah.

Sie haben einmal gesagt: „Meine Kinder haben mir den Egoismus genommen". Wie schaffen Kinder das?

Leandros:
Na ja, als Künstler ist man schon ein bisschen egoistisch. Vielleicht gehört das dazu, vielleicht auch nicht. Wenn man erst einmal Kinder bekommen hat, sind sie natürlich das absolut Wichtigste von allem. Man vergisst sich selbst. Man überlegt, ob es dem Kind gut geht, ob es gut gegessen hat, ob man die Windeln gut genug gewickelt hat und all diese Dinge. Das ist das wirkliche tägliche Leben. Sich selbst hält man in diesen Momenten für nicht ganz so wichtig. Für Egoismus bleibt da keine Zeit mehr.

Sie waren vor dem Fall der Mauer mehrfach zu Gast in der TV-Sendung „Ein Kessel Buntes" und sprachen von dem „ambivalenten Gefühl", gefilzt, aber auch an Warteschlangen vorbeigeschleust und bevorzugt zu werden. Haben Sie Ihren Kindern beibringen können, was das damals – letztlich nur wenige Kilometer von hier – für Sie bedeutet hat?

Leandros:
Ich hatte einige Auftritte in der damaligen DDR. Doch ich bin sicherlich nicht diejenige, die von vielen Erfahrungen erzählen könnte und somit eine gute „Aufklärerin" für meine Kinder abgeben würde. Aber über das, was ich erlebt und an Eindrücken mitgebracht habe, habe ich meinen Kindern natürlich erzählt. Das ist für meine Töchter, die Mitte der 80er Jahre geboren wurden, teilweise recht schwer zu verstehen. Aber sie interessieren sich für Politik, Geschichte und Zeitgeschehen und somit haben wir ganz selbstverständlich darüber geredet.

Kurz nach dem Mauerfall sagten Sie: „Es war eine Erlösung, als das System endlich zusammenbrach." Erfährt die nachfolgende Generation in unserer Gesellschaft heute genügend über diesen Abschnitt deutscher Geschichte?

Leandros:
Man spricht insgesamt doch recht wenig darüber – und das ist schade, denn gerade die Jugend muss viel mehr darüber aufgeklärt werden. Sowohl von den Eltern als auch in den Schulen. Aber ich beklage nicht nur das, sondern überhaupt die fehlende bzw. mangelhafte Vermittlung der jüngeren Geschichte. Es erscheint zwar so, als wären die Menschen unbelehrbar – gerade dann, wenn man unsere Menschheitsgeschichte über die Jahrhunderte verfolgt. Und trotzdem ist es unendlich wichtig zu wissen, warum was wie passiert ist.

Feiern wir Deutschen den „Tag der Deutschen Einheit" angemessen?

Leandros:
Es ist schon erstaunlich, wie zurückhaltend die Deutschen diesen großen Tag feiern. Im Ausland würde daraus ein buntes, fröhliches Spektakel gemacht. Die Deutschen sind meines Erachtens diesbezüglich zu bescheiden. Man fragt sich immer wieder: Warum sind sie so zurückhaltend? Sind sie möglicherweise desinformiert? Können sie einfach nicht verstehen, was das für ein großer Tag für ihr Volk ist? Oder sind sie grundsätzlich nicht fähig, sich zu freuen? Sicherlich spielen auch die aktuellen Probleme des Zusammenwachsens eine große Rolle, denn noch haben der Osten und der Westen scheinbar nicht hundertprozentig zueinander gefunden.

Als der Zusammenbruch der DDR damals klar war, da habe ich – als gebürtige Griechin – gesagt: „Mein Gott, das sind doch eure Brüder und Schwestern! Ihr seid doch blutsverwandt. Freut euch!" Ich war völlig begeistert. Doch schon damals gab es klagende Stimmen, die sagten: „Ja, aber wir wollen erst mal sehen, wie die sind. Und vielleicht wollen wir die

auch gar nicht alle haben." Nur: Was hat das damit zu tun? Natürlich war Ostdeutschland damals eine „andere Welt". Eine Region, die unser westliches Leistungsprinzip nicht kannte. Und das will ja auch gelernt sein. Das dauert eben mehrere Generationen. Man muss geduldig sein.
Aber scheinbar passte das so gar nicht in unsere Welt. Wir sind nicht geduldig genug. Wir haben keine Zeit mehr. Wir haben keine Lust, uns um andere zu kümmern. Und das ist doch wirklich schade!

Wir Deutschen sollten uns mal wieder mehr auf die wesentlichen Dinge besinnen. Die Zeit ist reif dafür, zur Besinnung zu kommen über sehr vieles – beispielsweise über Nächstenliebe. Nächstenliebe heißt nicht nur, Geld hinzugeben, sondern vor allem bewusst hinzusehen, wenn es dem Nachbarn schlecht geht. Und das fehlt mir im Moment in unserer anonymen Gesellschaft.

Ist es nicht auch erstaunlich, dass es vor und kurz nach der Wende einen regen deutsch-deutschen Austausch gab? Dass viele Schülergruppen aus den westlichen Bundesländern den Osten besucht haben, um Erfahrungen zu sammeln und eigene Kenntnisse einzubringen? Und wir bräuchten den deutsch-deutschen Austausch auch heute noch, um zu verstehen, warum es sich in Hamburg anders lebt als in Görlitz oder an der Grenze zu Frankreich. Doch plötzlich sind diese Aktivitäten vorbei. Das gegenseitige Interesse ist eingeschlafen, keiner spricht mehr darüber. Dabei ist es notwendiger denn je! Denn was machen wir ohne „Zeitzeugen", die Verständnis für das „Anderssein" wecken?

Unsere Gesellschaft gilt als egoistisch und auf den eigenen Vorteil bezogen. Fehlt es den Deutschen heute an Verantwortungsbewusstsein gegenüber anderen Menschen?

Leandros:
Also, ich will jetzt nicht mit dem erhobenen Finger da stehen und behaupten: Andere Länder machen es besser, und die

Deutschen haben nicht genug Qualitäten. Ich denke, das ist eine weltweite Entwicklung, die sich da abzeichnet. Bestimmte Werte scheinen mehr und mehr in Vergessenheit zu geraten. Bei Schicksalsschlägen aber – wie den Terror-Anschlägen in Amerika – wird plötzlich wieder nachgefragt, haben bestimmte Werte auf einmal wieder Konjunktur. Das sind so Wendepunkte. Man steht zunächst einmal unter Schock wegen dieser Kriegserklärung an Amerika. Und plötzlich gehen die Menschen nicht mehr einfach so aneinander vorbei. Man kümmert sich um den anderen, bietet Hilfe an. Plötzlich ist eine riesige Solidarität da und verdeutlicht: Das gegenseitige Helfen ist wichtig geworden.

Aber dieses Gefühl war nicht nur in Amerika da. Alle Menschen haben so gedacht, denn dieser Terroranschlag war ja nicht nur gegen Amerika gerichtet, sondern allgemein gegen die Freiheit und die Demokratie. Genau das ist der Punkt. Es waren unsere Werte, weswegen wir angegriffen worden sind. Doch erst nach einem solchen Anschlag wird man sich dessen bewusst.

Ja, es muss was geschehen. Wir müssen weiter darüber nachdenken – über Nächstenliebe, gegenseitiges Helfen und das engere Zusammenhalten.

Das Bonifatiuswerk unterstützt mit Spendengeldern u. a. katholische Schulen und Kindergärten in der Diaspora, in denen bestimmte Werte deutlicher vermittelt und in den Vordergrund gestellt werden als an staatlichen Schulen. Für wie wichtig halten Sie die Schule als Ort der Wertevermittlung heutzutage?

Leandros:
Die halte ich für sehr wichtig! Es scheint jedoch, als habe sie in den vergangenen 20 Jahren dabei sehr nachgelassen. Die Schule hat meines Erachtens durchaus die Aufgabe der Vermittlung christlicher Werte – nur, das entbindet die Eltern natürlich nicht davon! Beide haben die Pflicht, Kinder damit

vertraut zu machen, worauf es im Leben ankommt. Was die dann nach dem 18. Lebensjahr machen, hängt entscheidend von dieser Erziehung ab. Sie können natürlich sagen: „Ich möchte nicht an Gott glauben." Das ist ihnen freigestellt. Aber wenn wir sie überzeugend christlich erzogen haben, ihnen den christlichen Glauben wirklich nahe gebracht haben, wenn also eine vernünftige Wertevermittlung stattgefunden hat, dann sehen die jungen Menschen grundsätzliche Dinge unter anderen Aspekten. Sie fühlen sich sicherer in ihrem Innern, sie haben „innere Wurzeln". Und in entscheidenden Momenten ihres Lebens finden sie dann zu diesen Wurzeln, die ihnen Sicherheit geben und für eine Balance sorgen.

Ich würde es sehr begrüßen, wenn die Schulen wieder mehr Wert auf die Vermittlung von Glaube und Religion legen würden. Und dazu gehört für mich übrigens auch mehr Anerkennung für die Leistungen der Lehrer! Wir müssen sie darin stärken, die Dinge zu vermitteln, auf die es in der heutigen Gesellschaft ankommt. Das muss Hand in Hand gehen mit den Eltern. Auch die müssen zukünftig wieder mehr dazu beitragen – denn das hat leider auch nachgelassen. Und die Lehrer sagen verständlicherweise: Was die Eltern nicht kümmert, kümmert uns auch nicht.

Drücken sich die Eltern heute vor der Erziehung ihrer Kinder?

Leandros:
Einige – aber sicherlich nicht alle. Es gibt viele Eltern, die sich viel Zeit für die Erziehung ihrer Kinder nehmen – und diese Aufgabe als sehr wichtig ansehen. Aber sie sind eben nur ein Teil. Der andere Teil fühlt sich möglicherweise überfordert durch die eigene Arbeit und vieles Weitere mehr. Dann ist die Gefahr natürlich groß, dem Reiz zu erliegen, die Kinder einfach vor den Fernseher zu setzen und sie so zu unterhalten. Aber wer nimmt sich Zeit für die Kleinen, erklärt ihnen die Zusammenhänge und zeigt ihnen, dass sie wichtig sind?

Die Verantwortung für die Erziehung kann nicht allein den

Lehrerinnen und Lehrern überlassen werden. Hier sehe ich dringenden Handlungsbedarf. Gerade bei der heutigen Reizüberflutung, wo kaum noch zwischen gut und schlecht zu unterscheiden ist. Auf die Kinder strömt eine Fülle von Informationen durch Fernsehen und Radio ein. Popstars werden hochgejubelt – und tief fallen gelassen. Wie schnell sind diese Stars, die sie gerade noch verherrlicht haben, wieder weg vom Fenster. Jeden Tag gibt's neue Magazine. Der Computer vermittelt immer neue Eindrücke. Und gerade hier ist es wichtig, dass Eltern da sind, die ihnen die Dinge erklären, die ihnen helfen, damit klarzukommen. Denn Dinge, die man nicht richtig versteht, machen ängstlich und aggressiv.

Natürlich brauchen wir in unserer modernen Welt die Informationen durch die Medien. Es geht mir nicht darum, Kindern oder auch Erwachsenen nun grundsätzlich das Fernsehen zu verbieten. Das wäre der falsche Weg. Aber die Kinder brauchen in ihrer Entwicklung Ansprechpartner, denn sie haben ja viele Fragen, die sie verunsichern. Hierbei wird in unserer heutigen, hektischen Zeit leider oft ein Teil der Kinder vernachlässigt. Und das müssen wir ändern.

Welchen Stellenwert spielt – mit Blick auf Ihre griechischen Wurzeln – die religiöse Erziehung Ihrer Kinder? Was bedeutet Ihnen Gottesdienst und Gebet?

Leandros:
Die religiöse Entwicklung meiner Kinder war und ist mir sehr wichtig. Sie sind getauft worden, sie sind zur Kommunion gegangen und sind gefirmt worden – d.h. meine jüngste Tochter steht kurz davor. Wir gehen zwar nicht jeden Sonntag in die Kirche, aber doch recht oft. Manchmal kann ich aus dem Gottesdienst wichtige Dinge für mich mitnehmen – manchmal eben auch nicht. Aber das ist sicherlich sehr menschlich.

Und zum Gebet: Ja, ich bete. Nicht nur im Gottesdienst und in der Gemeinschaft, sondern natürlich auch allein.

In Ihrer griechischen Heimat haben kirchliche Feste – allen voran Ostern – deutlich größere Bedeutung als in Deutschland, wo nur noch zwei Drittel der Bevölkerung den Kirchen angehören. Sehen Sie Gefahren in der fortschreitenden Säkularisierung der Gesellschaft?

Leandros:
Es werden auch wieder Zeiten kommen, in denen die Menschen stärker zusammenhalten und der Glaube den Menschen mehr bedeuten wird. Da bin ich ein positiv denkender Mensch. Wenn man sieht, was die Menschen in den vergangenen Jahren und Jahrzehnten an Werten abgelehnt haben, dann kann es eigentlich nur besser werden. Und dafür ist die Kirche notwendig – und gefragt!

Ich finde es absolut wichtig, dass der Glaube auch zukünftig einen Ort hat, an dem er gelebt wird und von dem er ausstrahlen kann. Es ist gut, dass das Bonifatiuswerk den Bau von Gotteshäusern gerade in den neuen Bundesländern unterstützt. So wird unsere Gesellschaft wieder an Menschlichkeit gewinnen.

Wenn Sie heute aus der Ferne auf Ihr Leben schauen würden, was, glauben Sie, hat Ihrem Leben einen besonderen Sinn gegeben?

Leandros:
Das waren eindeutig meine Kinder! Der Erfolg ist zwar eine wundervolle Sache – aber er macht nicht unbedingt Sinn. Man darf dem Erfolg nicht hinterherrennen und ihn erzwingen wollen.

Und was hat Sie besonders beeindruckt?

Leandros:
Also, beeindruckt haben mich in meinem Leben – besonders als ich sehr jung, bereits international bekannt und in sehr, sehr vielen Ländern gesungen habe – die verschiedenen

Mentalitäten der Menschen. Und: Dass man lernt, damit umzugehen: andere Kulturen zu respektieren, tolerant zu sein. Ich selbst bin ja mit ganz verschiedenen Mentalitäten groß geworden: mit der griechischen, denn wir haben zu Hause mit Mutter und Vater Griechisch gesprochen, und der deutschen, die außerhalb des eigenen Hauses gesprochen und gelebt wurde. Da sind schon erhebliche Unterschiede in den Mentalitäten. Und doch schließt das eine das andere nicht aus, sondern bereichert es. Ob mich dies nun toleranter gemacht hat – das müssen andere entscheiden. Aber diese Eindrücke haben mich geprägt und stark darin beeinflusst, über die Horizonte zu schauen, um andere Religionen und Mentalitäten, eben völlig andere Menschen, kennen zu lernen.

Eine gebürtige Griechin auf einem schleswig-holsteinischen Landgut – was kann man sich da an „griechischen Eigenheiten" bewahren?

Leandros:
Ich würde sagen, erst einmal die Sprache und natürlich die griechische Mentalität. Die Griechen sehen vieles lockerer – nach dem Motto: „Was ich heute nicht schaffe, schaffe ich morgen."

Was macht die Vicky Leandros 2002 aus?

Leandros:
Zuversicht! „Und wenn ich wüsste, dass morgen die Welt untergeht, würde ich heute noch ein Apfelbäumchen pflanzen."
...

Im Gespräch: Hans Koschnick

Bürgermeister a. D. der Freien Hansestadt Bremen, langjähriges Mitglied des Deutschen Bundestages sowie des Bundesvorstandes der SPD, ehem. Administrator der Stadt Mostar in Bosnien-Herzegowina

„Aus eigener Überzeugung für andere handeln"

Hans Koschnick gehört zu den Politikern, die weit über ihre eigene Partei hinaus Ansehen gewonnen haben. Fast zwanzig Jahre lang stand der heute 73-jährige an der Spitze der Bremer Bürgerschaft. Sein Engagement als Europäischer Administrator der Stadt Mostar in Bosnien-Herzegowina, wo er mehrere Attentate überlebte, machte ihn international bekannt.

Herr Koschnick, Ihre Eltern waren religiös nicht gebunden, somit war die übliche Kindstaufe bei Ihnen nicht gegeben. Wie sind Sie zum Glauben gekommen? Wer oder was hat Sie diesbezüglich geprägt oder auch geführt?

Koschnick:
Es war sicher ein längerer Prozess. Er begann eigentlich mit dem Ende des Krieges, als wir Jüngeren im Jugendlager der Engländer [Kriegsgefangenenlager, d. Red.] über unsere Situation nachgedacht haben und immer wieder mit dem Schrecken von Bergen-Belsen konfrontiert wurden. Ich erlebte erstmals religiös erzogene Menschen, die zweifelten, ob es Gott wirklich gibt. „Er hätte es doch verhindern müssen." Einige andere brachten folgenden Standpunkt in die Diskussion ein: Ist der Krieg mit all seinen Schrecken nicht eher ein Ausdruck dafür, wie weit wir uns von Gott und seinen Geboten entfernt haben? Nun war diese Diskussion zunächst natürlich eine rein theoretische, dann erst folgte die Suche nach Antworten.
Ich bin dann mit der evangelischen und der katholischen Jugend in anderen Bereichen immer mehr verknüpft worden, beispielsweise mit den Fragen der Werteordnung. Woher kommen wir? Was ist unsere eigentliche Aufgabe? Was ist uns geboten? Was ist uns gegeben? Und wo haben wir uns möglicherweise so weit entfernt, dass sozusagen „Verwerfung" droht? Nur ganz allmählich bin ich auf diesem Wege mit der anfänglich erwähnten Diskussion weitergekommen.

Einige Jahre später habe ich dann meine katholische Frau kennen gelernt und geheiratet. Natürlich mit dem kirchlichen Segen – der allerdings damals nicht ganz leicht zu kriegen war. Im Jahre 1954 war vieles schwieriger. Ich bin dann sehr über die rational-theologische Auslegung mit Glaubensfragen umgegangen und habe mich schließlich auf der protestantisch-reformierten Seite einbinden lassen in die Überlegungen des Glaubens. Ich habe aktiv im evangelischen Bereich mitgearbeitet. In jungen Jahren wurde ich dann gebeten, eine große Diskussion mit evangelischen

Pfarrern vorzubereiten, um über die Frage zu diskutieren, wo unsere eigentlichen Grundsubstanzen des Glaubens versteckt liegen – da wurde beispielsweise auch über den zunächst jungen protestantischen, später alten areligiösen Marx diskutiert.
Auch die Erwachsenen- oder Kindstaufe war damals ein heiß diskutiertes Thema, bei dem man sich seinen eigenen Standpunkt gesucht hat – und damit immer tiefer in die Glaubensgemeinschaft hineinwuchs.

Ihre Frau ist katholisch, Sie sind Protestant. Ein lebendiges Beispiel gelebter Ökumene. Hat es Ansätze gegenseitiger „Missionierung“ in Ihrer Ehe gegeben?

Koschnick:
Ich behaupte, meine Frau versucht das jeden Tag. Sie bestreitet das und meint, sie würde ihre Kraft doch nicht an unnützen Objekten verschleudern. Aber im Ernst – wir waren uns von vornherein einig: Wir lassen uns katholisch trauen und auch die Kinder werden katholisch erzogen. Denn die ersten Jahre der Erziehung erfolgen nun einmal hauptsächlich durch die Mutter. Kinder erfahren hier eine besonders enge Bindung – auch im religiösen Bereich.

Welche Rolle spielt die Kirche heute Ihres Erachtens im Bereich der Wertevermittlung? Sehen Sie einen zunehmenden Verlust als „moralische Instanz“ in der und für die Gesellschaft?

Koschnick:
Ganz klar: nein. Die Kirche hat keinen moralischen Verlust erlitten. Aber die Gläubigen, die manchmal nicht viel mehr sind als nur noch Kirchensteuerzahler, sehen einen Teil der Werte, den die Kirche vermittelt, nicht mehr als ihre Werte an. Hier haben wir einen Werteverlust. Die Frage ist also: Ist die Kirche in der jetzigen Zeit modern genug, um die Werte so an die Menschen heranzubringen, dass sie aufgenommen werden in einer Zeit der schnellen Kommunikation. Wie vermittle ich

das, was Gott geboten hat, so, dass die Menschen es begreifen und nachvollziehen können? Dass sie nicht einfach nur mitmachen, sondern sich bewusst dazu bekennen.

Sie erklärten in einer Publikation, die Bindungskraft der Kirchen habe nachgelassen, nicht aber die Kraft des Glaubens …

Koschnick:
… davon bin ich immer noch überzeugt!

Dem hält Dr. Renate Köcher vom Allensbacher Meinungsforschungsinstitut allerdings entgegen, dass mit der Abnahme kirchlicher Bindungskraft ein Verlust an individueller Glaubenskraft einhergehe.

Koschnick:
Sicherlich ist es richtig, dass eine gewisse Distanz von der kirchlichen Gemeinschaft leicht dazu führen kann, dass früher selbstverständliche Gebote und Pflichten, selbstverständliche Formen verloren gehen. Je mehr ich mich vom Gottesdienstgeschehen distanziere, desto größer ist natürlich die Gefahr des Verlustes an Glaubensstärke – ganz unbestritten. Aber das trifft nicht auf jeden Einzelnen zu. Die Gefahren sehe ich allerdings auch. Denn das Gebot, nicht nur den Sonntag zu heiligen, sondern regelmäßig Gottesdienste zu feiern, an Wandlungen teilzunehmen, das bedeutet immer wieder eine Bekräftigung dessen, was ich gelernt und geglaubt habe. Je weniger ich daran teilnehme, desto größer ist die Gefahr, dass ich mich auch in anderen Fragen löse. Ganz allmählich und gar nicht bewusst, sondern aus der Praxis. Die Bindungskraft selbst hat den Vorzug, dass man in einer sich gegenseitig stützenden Gemeinschaft ist, sozusagen in „gesichertem Kreise".

Zwei Stimmen zur Situation der katholischen Kirche in Ihrer Heimatstadt Bremen: Propst Ansgar Lüttel von der Innenstadtgemeinde St. Johann hat in einer Publikation des Bonifatiuswerkes der deutschen Katholiken geschrieben: „Ob

man glaubt oder nicht, es interessiert die Bremer Gesellschaft nicht." Und die Frankfurter Allgemeine Zeitung beschreibt Bremen bereits heute als „wohl einen der säkularisiertesten Orte Deutschlands".
Was sollte die Kirche Ihres Erachtens tun, um diesem Bedeutungsverlust entgegenzutreten?

Koschnick:
Die katholische Kirche lebte meines Erachtens damals zu sehr im selbst gewählten Getto. Zugegeben, in einer protestantischen Umwelt, die gar nicht mal so tief protestantisch war, aber in hohem Maße ohne Verständnis gegenüber den Glaubens- und Lebensgewohnheiten katholischer Gemeinschaften. Dann kam Pfarrer Sandtel, Vorgänger des heutigen Propstes und Berufsschullehrer, also gewohnt, „Ungebärdete" zur Ordnung zu bringen. Er war derjenige, der die Mauern des Gettos niedertrat und sagte: „Auch in Bremen geh ich nicht in Zivil." Zu offiziellen Empfängen erschien er im Ornat. „Die Bremer müssen sich daran gewöhnen, dass wir Katholiken auch da sind."
Das hat mir damals sehr imponiert. Und auch dadurch konnte die katholische Kirche sehr schnell eine ganz enge Beziehung zu den protestantischen Kirchen herstellen. Eine Beziehung, die es früher nicht gegeben hatte. Die Innenstadtgemeinden haben fortan zusammengearbeitet.
Heute ist das Miteinander schon deshalb selbstverständlich geworden, weil sich die Stadtmenschen sowohl auf evangelischer als auch katholischer Seite immer weiter von ihren Gemeinden entfernen. Das schweißt die Kirchen zusammen.

Wenn Sie einmal auf Ihre tagespolitischen Aufgaben schauen: Inwieweit hat die Moral Ihre Arbeit bestimmt? Welche moralischen Maßstäbe haben Sie sich für Ihre Arbeit gesetzt?

Koschnick:
Ich habe versucht zu begreifen, dass es Frieden nur mit Moral und Ethik gibt. Da, wo die Welt unmoralisch und unethisch

wird, landen wir bei dem, was wir heute mit Auschwitz und GULAG umschreiben.
Hier sage ich aus meiner Erfahrung: Wir müssen immer wieder versuchen und dazu auffordern, Maßstäbe zu halten, die gesetzt geworden sind. Das beginnt bei den ganz schlichten Maßstäben, die wir zu Hause gelernt haben: „So etwas tut man nicht!" Es gilt im selben Bereich Solidarität nicht nur als ein Problem des Alltags zu begreifen, sondern auch aus dem Gebot „Liebe deinen Nächsten wie dich selbst". Ich habe dies immer wieder in den Prozess meiner täglichen Arbeit einfließen lassen. Aber fragen Sie bitte keinen Politiker, ob er jede seiner Maßnahmen ethisch und moralisch ernsthaft bedenkt. Das geschieht natürlich nicht. Je mehr man aus der aktiven Politik heraus ist, desto leichter fällt es, über Moral und Ethik nicht nur nachzudenken, sondern eben auch danach zu handeln.

Wer gibt Ihnen im politischen Geschäft „moralischen Beistand"?

Koschnick:
Ich hatte einen qualifizierten wissenschaftlichen Mitarbeiter, der eine gute katholisch-theologische Ausbildung hatte. Nächtelang haben wir uns in Diskussionen mit den Fragen der Schuld im „Tausendjährigen Reich", der Verbrechen im bolschewistischen System oder der Gewaltmaßnahmen in Afrika auseinander gesetzt. Wir haben die Fragen nicht nur von der praktischen Seite her diskutiert, sondern auch von den theoretischen, moralischen und ethischen Voraussetzungen. Nicht immer war mein Mitarbeiter damals mit mir zufrieden, das ist ja ganz klar. Aber wir haben diesen fast täglichen Dialogprozess gehabt, in dem es um Moral ging.

Ist das Handeln aus christlicher Verantwortung nicht eine ständige Anforderung, hinter der man zurückbleibt?

Koschnick:
Keiner erreicht das Ziel. Das ist ganz klar. Wir sollten uns im-

mer wieder fragen, welchen Maßstab wir ansetzen. Jeder Christ wird irgendwo straucheln. Wichtig ist, dass wir wissen, wo wir hin wollen, welches unser Weg ist – dass wir auf dem richtigen Weg sind.

Keiner ist ohne Fehl und Tadel. Wenn in der Politik jemand sagt, er habe nie gelogen, dann spricht das für sich. Denn auch ein bloßes Schweigen kann manchmal nahe an einer Lüge sein.
Ich habe in meiner politischen Arbeit immer versucht, so wenig wie möglich an der Wahrheit vorbeizugehen.

Der Gottesdienstbesuch ist für Sie eine wesentliche Kraftquelle in Ihrem Leben. Wie oft bleibt Ihnen dafür Zeit?

Koschnick:
Als Bürgermeister von Bremen blieb relativ häufig Zeit für den Sonntagsgottesdienst – weil ich grundsätzlich nicht bereit war und bis heute bin, am Sonntag Veranstaltungen vor elf Uhr zu besuchen.
Ich wurde einmal eingeladen zu einem Vortrag von einer Volkshochschule im Hochstift Paderborn – also in einem sehr katholisch geprägten Gebiet. Die Veranstaltung sollte morgens schon um 10.30 Uhr beginnen. Da habe ich gesagt: „Freunde, meiner Meinung nach fängt auch bei euch um 10 Uhr das Hochamt an. Und genau daran werde ich mit meiner Frau teilnehmen. Ab 11.15 Uhr habe ich dann Zeit."
Da gab es ein großes Erstaunen, denn so etwas hatte noch niemand gefordert.

Gibt es besondere Beziehungen zu Politikerkollegen, die Ihre christliche Lebenseinstellung teilen?

Koschnick:
Also, ich habe meinen Bekanntenkreis jedenfalls nicht nach der Religionszugehörigkeit geordnet. Da würde ich übertreiben. Bei vielen Freunden hat es sich nach und nach herausgestellt. Mit Lothar Späth habe ich gern etwas getrunken und

Skat gespielt – wir beide haben also nicht aufgrund unserer christlichen Einstellung Freundschaft geschlossen, sondern zunächst einmal aufgrund der „äußeren Verpackung". Wir waren uns in vielen Fragen ähnlich. Und so sind beispielsweise auch die engen Beziehungen zum jetzigen Ministerpräsidenten von Thüringen, Bernhard Vogel, entstanden, mit dem man sehr eng zusammen sein konnte.
Einer der politischen Burschen, mit dem ich noch immer befreundet bin, ist übrigens auch Norbert Blüm.

Sie sind 1994, also mit 65 Jahren, für 1½ Jahre als Europäischer Administrator der Stadt Mostar nach Bosnien-Herzegowina gegangen. Was hat Ihre Familie zu Ihrer Entscheidung gesagt? Hat Sie Ihr „christliches Pflichtbewusstsein" in die Kriegsregion geführt?

Koschnick:
Zunächst einmal war meine Familie voll einverstanden mit diesem Schritt. Noch heute unterstützt mich meine Frau, weil sie der Auffassung ist, wo es um Menschen geht, da darf man sich nicht drücken.
Und ich habe gesagt: Solange ich gesund bin, körperlich und psychisch, solange will ich mich diesen Aufgaben stellen. Wenn ich mich einbringen kann in ganz konkreten Hilfen, dann mache ich das. Ich habe meinen Dienst in Bosnien-Herzegowina nie als ein Geschenk an die Bevölkerung gesehen. Es war am Ende ein Geschenk für mich, weil ich dort arbeiten und wichtige Erfahrungen sammeln konnte – trotz der Risiken und Gefahren. Natürlich gab es zwischenzeitlich auch Stunden, wo ich aufgeben wollte, wo ich einfach genug hatte. Und ich habe mich dann gefragt: „Warum machst du das eigentlich, du Trottel?"
Doch dann sieht man die Menschen, die der Hilfe bedürfen. Sicherlich ist da auch ein bisschen „protestantisches Pflichtbewusstsein" dabei gewesen. Gerade nach den Anschlägen auf mein Leben. Doch ich wusste, dass die Leute auf unsere Arbeit hoffen, dass sie uns brauchen. Weglaufen ging einfach nicht. Und wir wussten ja, dass es gefährlich werden würde.

Der Bundesinnenminister hatte uns vorgewarnt: „Die Kroaten haben Söldner angeworben, um den Europäischen Administrator umzulegen."
Früher habe ich nicht an Schutzengel geglaubt ...

... und heute?

Koschnick:
Heute bin ich fest davon überzeugt, dass es sie gibt!

Das Beste, was man machen kann, ist anderen Menschen zu helfen. Auch wenn man dabei selbst einmal in Gefahr geraten sollte. Mein Großvater hat immer gesagt: „Solange du stark bist, hilf anderen. Denn eines Tages wirst du schwach sein – und dann brauchst du die Hilfe der anderen." Ich kann mich nicht nur auf Gott berufen und ihn bitten, er möge mir helfen, wenn ich nicht bereit bin, auch anderen zu helfen. Das ist der eigentliche Auftrag, den wir alle haben.

Zitat Koschnick: „Ich glaube, dass Schutz und Rechte, die die Gemeinschaft mir bietet, mich verpflichten, auch der Gemeinschaft zur Verfügung zu stehen." Inwieweit beziehen Sie diese Aussage nicht nur auf den staatlich vorgeschriebenen Pflichtdienst, sondern auch auf die ehrenamtliche Tätigkeit in und mit der Gesellschaft?

Koschnick:
Ganz eindeutig: auf beides. Ich werbe ganz besonders für das Ehrenamt, weil ich denke, es ist ein politischer Fehler gemacht worden nach dem Ersten und auch dem Zweiten Weltkrieg. Die Antworten auf die damaligen sozialen Missstände führten bei uns zum Sozialstaat. Dort, wo er funktionierte, war er eine Abwehrposition, ein Bollwerk gegen Faschismus, Nationalismus und Kommunismus. Doch aus dem Sozialstaat wurde mehr und mehr ein Sozialversorgungsstaat – alles wurde durch Kommune oder Staat erledigt.
Die Menschen haben ihre Verantwortung, die sie für die Gemeinschaft und ihre eigene Familie hatten, mehr und mehr an

den Staat abgetreten. Die früher ganz selbstverständlichen nachbarschaftlichen, betrieblichen und religiösen Bruderschaftsfunktionen sind verloren gegangen.

Und das müssen wir heute dringend ändern! Die Menschen müssen wieder aus eigener Überzeugung heraus verantwortlich für andere handeln. Denn auch wenn wir geboren werden, können wir nur aufwachsen, wenn andere bereit sind, Verantwortung für uns zu übernehmen.

Nach einer Studie des Hamburger BAT-Institutes sind nur 4% aller 14- bis 29-Jährigen ehrenamtlich tätig. Wird unsere Gesellschaft egoistischer?
Und wie kann dem Ehrenamt in der Gesellschaft zu neuem Ansehen verholfen werden?

Koschnick:
Wir sollten zunächst einmal den Mut haben, zu jedem Einzelnen in der Gesellschaft zu sagen: Bitte engagiere dich irgendwo vernünftig. Das muss nicht in einer Partei oder einem Verein sein – es muss auch nicht in einer Kirchengemeinde sein. Es gibt so unendlich viele Dinge, wo Menschen aufeinander angewiesen sind, wo Engagement viel bewirken kann.

Die junge Generation will meines Erachtens deswegen heute ehrenamtlich nicht aktiv tätig werden, weil wir noch zu sehr an den alten Strukturen des Vereines festhalten. Die jungen Menschen wollen sich heute nicht einbinden lassen, um den Weg vom Kassierer über den Protokollschreiber bis hin zum Zweiten und Ersten Vorsitzenden zu gehen. Sobald man ihnen aber sagt: „Da droht eine Not. Wir brauchen dich im Aufbau. Wir brauchen dich für diese Stadt oder diese Gemeinde" – dann sind sie plötzlich mit einem Engagement dabei, das man gar nicht beschreiben kann.
Während meiner Zeit als Europäischer Administrator in Mostar hatte ich 187 Freiwillige aus ganz Europa in der zerstörten Stadt, die dort beim Wiederaufbau mithalfen. Und

die waren bedeutend wichtiger als ich. Ich war nur wichtig wegen des Geldes, das ich mitbrachte. Aber die jungen Menschen, die freiwillig nach Mostar gekommen waren, gaben den Einheimischen das Gefühl, dass sie nicht vergessen sind. Und diese Freiwilligkeit, das Sich-Einbringen für mehrere Monate, war eine erstaunliche Leistung. Andere sind dadurch angespornt worden, ebenfalls mit anzupacken – und das alles trotz des gelegentlichen Beschusses durch die Serben.

Wir sehen also: Die Bereitschaft zum Engagement ist durchaus da. Ehrenamtliche Hilfe darf sich eben zukünftig nicht mehr nur in Vereinsstrukturen wiederfinden. Wir müssen verstärkt andere Möglichkeiten eines zeitlich befristeten Engagements aufzeigen.

Kinder, die „Ehrenamtlichen von morgen", werden in ihrer Erziehung vor allem durch das Elternhaus und die Schule geprägt …

Koschnick:
… mit dieser Aufzählung habe ich schon ein Problem. Denn: Die Erziehung der Kinder beginnt im Elternhaus und sie bleibt im Elternhaus – und dann erst kommt irgendwann die Schule. Wir haben leider zugelassen, dass wir den Schulen heutzutage Aufgaben übertragen, die eigentlich im Elternhaus erledigt werden sollten. Die Erziehungsaufgabe und die Erziehungspflicht liegen zuallererst einmal bei den Eltern.
Wir erschweren den Lehrern ihre Arbeit, wenn wir alle Verantwortlichkeiten, die zu Hause nicht mehr wahrgenommen werden, von der Schule erledigt sehen wollen. Und wir verhindern damit zudem ihre wirkliche pädagogische Erziehungsaufgabe, die sie natürlich haben. Deswegen sage ich: Zunächst sind die Eltern an der Reihe. Sie haben die erste und überragende Erziehungsaufgabe.
Und als Großvater sage ich, auch die Großeltern haben eine Erziehungsaufgabe – nämlich die Enkel ein bisschen zu verwöhnen …

Wie aber kann bspw. ein Sechsjähriger Solidarität und Respekt anderen Menschen gegenüber erlernen, wenn er – möglicherweise aus zerrütteten Familienverhältnissen kommend – den realen Werteverlust tagtäglich in den Talkshows miterleben kann? Macht sich der Staat mitverantwortlich an dieser Entwicklung?

Koschnick:
Als Politiker und stellvertretender Vorsitzender des Fernsehrates beim ZDF sage ich: Ich glaube, ja. Die Frage ist allerdings nicht über die Gesetzgebung zu steuern, denn sie erhalten heute alles, was sie sehen wollen. Was hier nicht produziert werden kann, holen sich die Menschen aus Amerika usw. Jeder Schweinkram ist zu kriegen.

Auch hier sollten wir sehen: Es ist zuallererst eine Erziehungsaufgabe im Elternhaus, den Kindern beizubringen, sinnvoll mit dem Fernsehen umzugehen. Nicht ein Verbot, sondern eine sinnvolle Nutzung ist anzustreben. Sicherlich spielen auch die Verhältnisse im Elternhaus eine gewichtige Rolle. Aber auch ein unvollständiges Elternhaus kann diese Aufgabe erfüllen. Ich habe jahrelang bei meinen Großeltern leben müssen. Später ist mein Vater Soldat geworden und gefallen. Meine Mutter musste uns drei Kinder großziehen. Wir hatten nie – oder nur ganz selten – die vollständige Familie. Aber ich bin trotzdem relativ ordentlich erzogen und geprägt worden. Die Kriegsgeneration und die Nachkriegsgeneration haben über Jahre in nicht vollständigen Familien gelebt. Und dennoch sind die Kinder richtig betreut bzw. geführt worden. Ich denke, wir müssen ein höheres Maß an Verantwortung tragen, um Kinder zu erziehen. Kinderkriegen ist schön. Wichtig ist, dass man dann aber auch die Verantwortung übernimmt. Es darf nicht sein, dass man Kinder allein dem Fernseher überlässt und das Gespräch in der Familie verkümmern lässt.

Nun muss ich allerdings zugeben, dass ich bei dieser Frage nur theoretisch begabt bin. Wenn meine Frau jetzt hier wäre, würde sie sagen: „Der Heuchler, er hat sich nie um die Erzie-

hung gekümmert, war immer unterwegs." Als Politiker hat man kaum eine andere Wahl. Ich sehe jetzt allerdings bei den Enkelkindern, was ich versäumt habe in all den Jahren. Nicht nur im erzieherischen Bereich. Wann habe ich ganz konkret das Aufwachsen miterleben können – die Freude, immer neue Überraschungen mit den Kindern zu erleben? Viel zu selten.
Damals hat es zwangsweise gefehlt. Heute würde ich allen Eltern raten: Kümmert euch um eure Kinder – wo immer es geht. Sie werden es euch später danken.

Einen Appell an die Eltern zu richten ist das eine. Aber damit wird sich nichts von heute auf morgen verändern …

Koschnick:
Die derzeitige Situation ist ja auch nicht über Nacht gekommen. Es war ein längerer Prozess. Also müssen wir uns auch jetzt Zeit nehmen für eine grundlegende religiöse sowie gesellschaftliche Arbeit an den Werten. In allen Bereichen sollte deutlich werden, wie wichtig Familie ist und wie gerne man in der Familie lebt. Dass wir Mitverantwortung haben für Familienmitglieder. Dass jeder Einzelne eben auch stets ein Teil vom Ganzen ist. Je mehr man das begreift, desto größer wird die Bereitschaft werden, die eine oder andere Arbeit für andere Menschen zu machen. Und plötzlich ist es gar keine Arbeit mehr. Plötzlich ist es gar ein Teil der eigenen Lebenserfüllung.

Im Gespräch: Joachim Kardinal Meisner

Erzbischof von Köln

„Wir brauchen wieder echte Vorbilder"

Kardinal Meisner – ein Mann der klaren Worte. Viele Gläubige und Nichtchristen schätzen ihn als einen fest im Glauben verwurzelten Bischof, der eine profiliert kirchliche Linie vertritt. Anderen gilt er als „erzkonservativer Kirchenfürst". Vor 25 Jahren wurde Meisner in Erfurt zum Bischof geweiht. Seit 1989 steht er dem Erzbistum Köln vor.
Was der Kardinal zu sagen hat, ist keine leicht verdauliche Kost: Wer aufrütteln will, darf nicht lau sprechen. Was bewegt einen Mann, der es immer wieder schafft, die Öffentlichkeit zum Nachdenken über Glaube und Werte zu provozieren?

Herr Kardinal, in einem Ihrer jüngeren Veröffentlichungen schreiben Sie: „Die Zeit des Glaubens kommt wieder." Woher nehmen Sie angesichts der Situation in Deutschland eigentlich diesen Optimismus?

Kardinal Meisner:
Ich bin überzeugt, dass es so nicht weitergehen kann. Die Menschen können nicht ihrem Untergang entgegentanzen, denn sie sind Geschöpfe Gottes. Und wir wissen aus der Heiligen Schrift, dass sie sogar Abbilder Gottes sind. Deshalb müssen sie einfach wieder zu diesem Urbild zurück. Die Rückwege, die oft Irrwege sind, sind erheblich. Das ganze Drogenproblem ist doch nur der Versuch, aus der Endlichkeit wieder über sich selbst hinauszuwachsen. Die Droge gab es im Mittelalter nicht, weil man im Mittelalter den Glauben hatte, der einen über sich selbst hinaushob. Die Droge führt nicht zur Selbstübersteigerung, sondern zur Selbstzerstörung. Das sind alles Versuche, sich mit dem Status quo nicht abzufinden. Aber man schafft es nicht. Wenn die Menschen alle Möglichkeiten ausgereizt haben, dann werden sie wieder zu dem zurückkommen, der ihnen wirklich die Befreiung von sich selbst schenkt. Denn die Freude an Gott ist unsere eigentliche Stärke. Davon bin ich zutiefst überzeugt. Wir haben einen Gott, der sich geoffenbart hat, das heißt, ich brauche auch keine fernöstlichen Techniken zu lernen, um seiner habhaft zu werden, sondern er hat sich in der Inkarnation, in der Menschwerdung in unsere Hände gegeben. Das muss man den Menschen wieder klarmachen.

Der Wiener Kardinal Schönborn hat einmal gesagt, dass sich Kinder in der Kirche nicht mehr so zu Hause fühlen könnten, weil vieles bei uns zu kalt und zu strategisch geworden sei. Was muss denn die Kirche heute tun, damit Kinder nicht um Gott betrogen werden?

Kardinal Meisner:
Keine Kuschelmesse feiern und den Gottesdienst, die heilige Liturgie, nicht herabwürdigen zu „Hänschen-Klein-Gottes-

diensten"! Kinder haben ein genaues Gespür dafür, wo das Heilige, der ganz andere Gott, ist. Indem Eltern und Familie als Hauskirche existieren, wächst das Kind ganz bewusst hinein, auch in die Gemeindekirche. Und darum ist das ganz wichtig.

Ich erlebe so oft, dass mir ein Pfarrer aus der Erzdiözese Köln schreibt, in seiner Pfarrei sei eine völlig glaubenslose Familie aus der ehemaligen DDR aufgetaucht, die jetzt katholisch werden möchte. Und weil ich doch von „da drüben" sei, möchte er mal von mir wissen, welches Buch er dieser Familie geben könne, damit sie den Glauben kennen lerne. Da schreibe ich immer zum Schrecken der Pastöre zurück: „Für das erste Jahr gar kein Buch. Suchen Sie für ein Jahr eine Familie, eine glaubende Familie Ihrer Pfarrei, die bereit ist, ein Stück ihres Lebens und damit ein Stück ihres Glaubens, mit dieser Familie zu teilen. Also: Die müssen jeden zweiten Sonntag mit dieser Familie in der eigenen Familie verleben, vom Frühstück bis zum Abendbrot. Das festliche Frühstück am Sonntag, die Vorbereitung zum Kirchgang, das In-die-Kirche-Gehen, das Ausklingenlassen, das Mittagessen, das Gespräch über den Gottesdienst, nach Mittag etwas Spaziergang, mal etwas christliche Kultur, mal eine andere Kirche besuchen oder einen Teil des Jahresurlaubs mit denen verleben, sie mitzunehmen auf eine Wallfahrt. Glaube wird weitergegeben, indem ich Leben teile. Und Leben ist *eine* Form des Glaubens.

Es gibt eigentlich fünf Evangelien: die vier klassischen und das Leben der Christen. Ich spüre ganz selten, dass die Leute die vier erstgenannten Evangelien lesen. Sie lesen das fünfte Evangelium, unser Leben. Was lesen sie daraus? Können sie da die Buchstaben Christi entziffern oder ist das alles verweht? Das ist natürlich ganz wichtig für Kinder.
Ich kann mich noch sehr gut erinnern: Bevor mein Vater vier- oder fünfmal im Jahr zur heiligen Kommunion ging, hat er sich, wie das üblich war, zur Beichte vorbereitet. Das war eine große Sache. Da schickte uns die Mutter am Samstag hinaus

zum Spielen und sagte, dass der Vater sich auf die Beichte vorbereiten wollte. Und dann am Kommuniontag ging der Vater mit Frack und Zylinder zur Kirche! Das ging natürlich auf uns über: Heute ist ein großer Tag daheim in der Familie. Ich will damit sagen, wie sehr die Familie mein Leben geprägt hat. Ich bin eigentlich nicht fromm geworden durch die Kirche, sondern durch die Familie.

Wäre die Förderung der Familienseelsorge also eines Ihrer besonderen Anliegen?

Kardinal Meisner:
Natürlich! Für das Heilige Jahr 2000 hatten wir im Erzbistum Köln das Projekt „Ein Jahr im Leben von Familien" entwickelt. Mit diesem Projekt wollten wir den Familien helfen, zu Hause die Kirchenjahreszeiten richtig zu gestalten. Da haben wir eine ganze Reihe Handreichungen entwickelt, die zu Tausenden weggingen. Ich weiß gar nicht, wie viele hundert Gruppen sich damit beschäftigt haben.
Wir müssen wieder helfen, dass die so genannte „Ekklesiola", die Hauskirche, wieder in der „Ekklesia" ihr Zuhause findet.

Der Stellenwert, den Kinder und Familie in einer Gesellschaft genießen, hängt immer auch zusammen mit dem Bild, das eine Generation von den Frauen hat. Sie selbst haben sich dazu wiederholt zu Wort gemeldet …

Kardinal Meisner:
Es gibt keine Vatersprache, es gibt nur eine Muttersprache. Wieso? Das geistige Leben kommt vom Wort. Der Glaube kommt vom Hören. Der Ort des Wortes ist nicht der Mund, sondern das Ohr. Die erste Botschaft, die ein Mensch vernimmt, sind die Herztöne seiner Mutter unter dem Herzen der Mutter. Die Herztöne der Mutter sind der erste Willkommensgruß des Schöpfers an sein neues Geschöpf. Darum sind unsere Mütter, die Frauen, die Sprachlehrerinnen der Nation und damit sind sie die Kulturträgerinnen und das Fundament

jeder menschlichen Zivilisation. Darum sind unsere Mütter außer Konkurrenz und haben es nicht nötig, sich von inner- und außerkirchlichen „Feministinnen" Minderwertigkeitskomplexe einreden zu lassen, weil sie „nur" Mütter wären. Hier liegt eigentlich das Fundament unsrer menschlichen und christlichen Kultur, und darum gibt es eben keine Vatersprache, sondern nur eine Muttersprache: Sie ist die Sprache des Herzens. Insofern ist auch die Frage nach dem Heil des Menschen berührt.

Wir brauchen wieder Frauen und Mütter, die Herztöne vermitteln, aus denen der Mensch die Herztöne Gottes heraushört. Die Römer haben schon gesagt: Die Männer machen die Gesetze, die Frauen die Sitten. Wenn eine Gesellschaft verdorben ist, aber die Frauen sind es nicht, ist sie rettbar. Sind aber auch die Frauen verkommen, ist eine Zivilisation verloren. Darum müssen wir auch der Frau, die heute mehr denn je gefährdet ist, mit der ihr gebührenden Ehrfurcht begegnen, damit sie wirklich ihre Berufung als Mutter und damit als Sprachlehrerin, als Zivilisatorin, akzeptieren und praktizieren kann.

Sie haben Ihre Erfahrung aus der früheren Zeit, aus der Diaspora, angesprochen. Haben diese Erfahrungen für Sie auch heute Bedeutung als Erzbischof von Köln?

Kardinal Meisner:
Auf jeden Fall! Ich bin ganz und gar geprägt in meinem Werdegang durch die Diasporasituation in Mitteldeutschland, als Priester und als Bischof. Das ist für mich eine gute Mitgift in mein jetziges Amt. Unsere Situation wird ja auch hier immer mehr die einer Diaspora. Wir müssen freilich auch ein wenig differenzieren: Diaspora ist nicht gleich Diaspora. Wir haben früher immer gesagt: Diaspora im klassischen Sinne ist für uns dort, wo die normalen Möglichkeiten für den Glaubensvollzug einer Gemeinde fehlen, also: wo es keine Kirche gibt, kein Pfarrhaus, keine Gemeinderäume. Ich denke da heute vor allem an Skandinavien, Estland und Lettland.

Was können wir denn von den Menschen, die immer in dieser „klassischen Diaspora" gelebt haben, für uns lernen, denen die Diaspora vielleicht noch bevorsteht?

Kardinal Meisner:
Ich bin nach unserer Flucht aus Breslau groß geworden in einem Dorf, in dem wir alle 14 Tage in der evangelischen Kirche die heilige Messe feiern konnten. Da kam der Pastor mit seinem Motorrädchen oder mit dem Auto. Und der hat uns immer gesagt: „Was katholische Kirche ist, könnt ihr hier niemandem zeigen. Wir haben keine Kirche, wir haben keine Muttergottesfigur, wir haben keine Monstranz, wir haben nichts. Was katholische Kirche ist, können die Leute nur an euch ablesen."
Und das hat uns eigentlich auch immer stolz gemacht. Wir waren von einer großen Mitverantwortung erfüllt: Dass die Kirche als Gotteshaus zum Gottesdienst aufgeschlossen ist, dass die Leute rechtzeitig hineinkommen, dass der Altar geschmückt ist usw.
Wir waren wirklich von einem hohen Verantwortungsgefühl erfüllt, dass wir wichtig sind für unsere kleine Diasporagemeinde. Das ist heute wichtiger denn je: dieses Sich-verantwortlich-Wissen für die Bedürfnisse einer Gemeinde – und wenn sie noch so klein ist. Es ist immer die Gemeinde des Herrn.
Dann ist noch etwas wichtig, was der Diasporabischof Hugo Aufderbeck immer wieder eingefordert hat: „Ihr seid berufen zugunsten der noch nicht Berufenen." Das heißt: Ihr müsst immer für die anderen mit glauben, ihr braucht immer einen Überschuss an Glauben, damit ihr die Nichtglaubenden mit eurem Glauben mit tragen könnt. So wie bei Abraham, wo Gott Sodom und Gomorrah wegen der zehn Gerechten nicht vernichten wollte. Also die Bedeutung der kleinen Herde mit der großen Verheißung – das muss man Diasporachristen auch deutlich machen für ihren eigenen Glauben. Man kann es auch mathematisch sagen: Kommen von 3 000 Einwohnern 30 Leute in die Kirche, dann gilt, auf jeden kommen 100. Für die steht jeder heute vor Gott.

In Bezug auf die Frage der Berufung ist auch dies noch einmal sehr wichtig: Was ist heute erforderlich, um Berufungen zum priesterlichen und pastoralen Dienst zu wecken und zu fördern?

Kardinal Meisner:
Ich sage Ihnen ganz offen: Ich habe auf keinem Gebiet so viel gearbeitet und so viel Kräfte investiert wie in der Frage der priesterlichen Berufungen. Ich bin – nach menschlichem Ermessen – auf keinem Gebiet so erfolglos gewesen. Ich habe mich dann gefragt, was hast du denn falsch gemacht? Ich habe dann in der Heiligen Schrift nachgelesen. Da sagt Jesus erstaunlicherweise zu einem Spezialproblem, nämlich der Arbeiter im Weinberg, sehr speziell: Bittet den Herrn um Arbeiter für den Herrn! Das heißt, ich hatte zu viel organisiert und strukturiert und zu wenig gebetet!
Nun habe ich eine Gebetsinitiative ins Leben gerufen – „Rogamus", „Wir wollen beten" – mit zurzeit wohl zweitausend Mitgliedern, die sich verpflichten, jeden Tag in diesem Anliegen zu beten.
Und wir haben die Seminaristenzahl vom vergangenen Jahr mehr als verdoppelt! Außerdem wird der Neokatechumenale Weg ein Seminar „Redemptoris Mater" in unserem Erzbistum einrichten. Auch hier werden junge Männer auf ihren Dienst in unserem Bistum vorbereitet.
Bei der Frage der Berufungen muss ich immer wieder sagen, hier müssen wir wirklich ins Gebet gehen!

Eine mehr gesellschaftspolitische Frage: Sie sagen: „Hauptsache, gesund und erfolgreich" – das sei der Tenor der heutigen Zeit. Was ist denn dagegen einzuwenden?

Kardinal Meisner:
Das hat eine ganz konkrete Bewandtnis. Wir haben die ewige Glückseligkeit verendlicht, verweltlicht. Wenn ich an kein ewiges Leben mehr glaube, dann gibt es auch keine ewige Glückseligkeit mehr, und dann werden die ewigen Glückseligkeiten verendlicht in irdische Wohligkeiten. Und unter den ir-

dischen Wohligkeiten steht an erster Stelle die Gesundheit. Darum sagt man auch an jedem Geburtstag: Herzlichen Glückwunsch, aber die Hauptsache ist Gesundheit. Nun ist Gesundheit ein hoher Wert, aber nicht der höchste. Allerdings: Wenn ich an das ewige Leben nicht mehr glaube, ist er es. Und da gerät das Gesundheitssystem in die Rolle einer Kirche. Von dieser medizinischen Kirche erwartet man permanentes Wohlbefinden, permanente Gesundheit, ja sogar ewiges Leben. Und da ist sie hoffnungslos überfordert. Hier liegt der Grund, warum wir einen Ärzteüberschuss und gleichzeitig Priestermangel haben.

In unserer Gesellschaft gilt: Was ich bis zu meinem Tode nicht erjagt habe, das ist für immer verloren. Wir müssen als Kirche den Menschen wieder die Ewigkeit zurückgeben. Wenn ich um die Ewigkeit weiß, dann weiß ich: „Ich habe mehr Zukunft als Vergangenheit und Gegenwart zusammen."
Und da ist es völlig egal, ob ich 18 oder 88 bin, ich habe eh noch viel mehr vor mir als bereits hinter mir. Das Beste kommt immer noch.

Sie selbst fragen sich, ob die Deutschen jemals moralisch so tief gestanden hätten wie heute. Kann man dem kirchlicherseits noch etwas entgegensetzen?

Kardinal Meisner:
Sehen Sie, das Problem ist doch: Wir sind eine Gesellschaft mit viel Geld und wenig Kindern. Die Bevölkerungsstatistik ist niederschmetternd, und im selben Augenblick sollen homosexuelle Verbindungen den Rang von Ehe und Familie erreichen. Da kann man nur sagen: Leben wir in einem Volk von Verrückten? Außerdem sollten unsere Politiker doch auch in ihrer Lebensführung normative Gestalten sein. Ich kann das nicht erkennen. Da kann man doch nicht das Amtliche vom Privaten entkoppeln!
Im gesellschaftlichen Leben brauchen wir wieder viel mehr vorbildhafte Gestalten.

Gibt es denn Ihrer Meinung nach solche Leitfiguren gerade für unsere Kinder und Jugendlichen?

Kardinal Meisner:
Ja, natürlich. Nehmen Sie Mutter Teresa oder unseren Papst. Denken Sie einmal an die Weltjugendtreffen. Die Jugendlichen erleben einen alten Mann, einen Achtzigjährigen, mit Krücken. Dieser Mann zieht über anderthalb Millionen Jugendliche aus aller Welt an! Da muss man mal nachdenken, warum das so ist!
Wo die Jugend spürt: Hier werden wir nicht ausgenutzt, hier wird nicht mit unseren Schwierigkeiten Geschäft gemacht, da nehmen sie dem Heiligen Vater auch nicht übel, dass er Dinge sagt, die ihnen vielleicht gar nicht so sehr schmecken. Weil sie sehen: Hier will uns einer helfen, hier will einer allen Ernstes unser Glück.

Haben Sie einen besonderen Wunsch für die Kirche in Deutschland?

Kardinal Meisner:
Für unsere Kirche wünsche ich mir, dass sie wieder die Freude an Gott findet, die unsere Kraft ist. Die Menschen müssen in der Kirche wieder die Freude an Gott erfahren und nicht dauernd das Leiden an der Kirche kultivieren. Denn dieses Leiden ist eigentlich ein Leiden an sich selbst und an seinen eigenen Unzulänglichkeiten. Ich wünsche mir, dass die Menschen sich wieder von sich selbst befreien lassen und wieder auf Gott schauen.

Im Gespräch: Christian Wulff

CDU-Landesvorsitzender Niedersachsen, stellv. CDU-Bundesvorsitzender

„Es gibt Wichtigeres als Politik"

Er gilt als einer der Hoffnungsträger der Union: Christian Wulff, Oppositionsführer im niedersächsischen Landtag und stellvertretender Bundesvorsitzender der CDU. Doch Politik ist für den 43-Jährigen nicht das Wichtigste im Leben. Als Familienvater und engagierter Katholik stehen Ehefrau Christiane und Tochter Annalena sowie die gemeinsame Glaubensüberzeugung an erster Stelle.

Das Elternhaus spielt – neben Kirche und Schule – eine ganz entscheidende Rolle bei der christlichen Erziehung junger Menschen. Nach der Scheidung Ihrer Eltern sind Sie bei Ihrer Mutter aufgewachsen. Wer waren in Ihrem Leben die entscheidenden Persönlichkeiten, die Sie im Glauben gestärkt haben?

Wulff:
Es war sicherlich die Einbindung in die katholische Kirchengemeinde. Ich habe einen katholischen Kindergarten sowie eine katholische Grundschule besucht und dort – weit über den Kommunionunterricht hinaus – Vertiefungen in Glaubensfragen erfahren dürfen.
Tiefere Einblicke konnte ich dann in Gesprächen, die ich als Jugendlicher beispielsweise bei langen Spaziergängen im Emsland mit Werner Remmers, einem überzeugten und engagierten Christen, geführt habe, gewinnen. Er hat bei mir eine ganz besondere Glaubensvertiefung bewirkt, die weit über die Prägung in meiner Kindheit hinausgeht.

Wie denken Sie hat sich Ihre „vaterlose Kindheit" auf Ihr Leben ausgewirkt? Gibt es bestimmte Eigenschaften oder Verhaltensweisen, die Sie darauf zurückführen würden?

Wulff:
Prägend war für mich sicher, dass ich in meiner Kindheit mehrfach stärker gefordert war als andere. Meine Mutter erkrankte an multipler Sklerose, war gelähmt und pflegebedürftig. Somit waren alle Familienmitglieder in ganz besonderer Weise gefordert. Obwohl es natürlich sehr bedrückend war, habe ich das nicht nur als einen äußerst schmerzlichen Schicksalsschlag empfunden. Ich habe die Verantwortung, die ich für meine jüngere Schwester und meine Mutter übernehmen musste, immer auch als Chance empfunden, sich in dieser Situation zu bewegen und zu bewähren.
Möglicherweise bin ich dadurch frühzeitig ernster und erwachsener geworden als andere Jungen in meinem Alter.

Sie haben eine Tochter namens Annalena.
Wird es für Ihre Tochter einmal schwieriger sein, zum Glauben zu finden und ihren Glauben zu leben, als es früher für Sie der Fall war?

Wulff:
Zumindest ist es für Kinder heute nicht einfacher. Gerade bei der Vielfalt von Informationen und Möglichkeiten, die heute auf Kinder einströmen, ist die Frage nach dem tieferen Sinn des Lebens, nach Grundwerten, Grundsätzen, nach Traditionen und zwischenmenschlichen Beziehungen besonders dringlich.
Wenn meine Tochter schon in ihrem jungen Alter gern zum Kinder- und Familiengottesdienst mitgeht, dann auch deshalb, weil dort selbst für kleine Kinder schon ganz nützliche Hinweise gegeben werden. Ich erinnere mich an einen „Tag der Kommunikation", wo den anwesenden Kindern im Gottesdienst erläutert wurde, dass man als Kind Brot und schimmeliges Brot voneinander unterscheiden müsse. Genauso müssten halt auch die vielfältigen Fernsehprogramme dahingehend unterschieden werden, ob sie für die eigene Entwicklung nützlich und sinnvoll oder aber gefährlich seien. Dieses „Auswählenkönnen", dieses „Unterscheidenlernen" zwischen gut und böse, zwischen positiv und negativ ist heute wichtiger denn je, um ein eigenes Rückgrat zu erlangen, um im Leben seinen Weg zu gehen, sich bewusst zu bekennen – oder auch um bewusst etwas von sich zu weisen. Das ist es, was Kinder in ihrer Entwicklung reifen lässt, was sie letztlich auszeichnet und stark macht.

Und wenn wir Kinder mit Rückgrat ausstatten, so ersparen wir uns viele Folgeprobleme und damit auch Folgeinvestitionen durch Jugendkriminalität, Drogenabhängigkeit oder andere Verführer dieser Welt.
Diese Festigung einer jungen Seele stellt eine ganz besondere Herausforderung an die Eltern dar – und eine große Chance für die Kinder. Kinder stark zu machen und eine Persönlichkeit reifen zu lassen, das ist unsere Erziehungsphilosophie.

Bei uns zu Hause haben wir es so gehandhabt, dass wir unsere Tochter für Kirche zu interessieren, ihre Neugier zu wecken und zu pflegen versuchen. Und unsere Pfarrgemeinde stellt für unsere Tochter in dieser Phase eine sehr gute Erfahrung dar. Eine ganz wichtige Rolle spielen hierbei unser Verwandten- und Nachbarschaftskreis sowie andere Kinder, die in der kirchlichen Jugendarbeit engagiert sind und unserer Tochter als Vorbild dienen.

Was bedeutet für Sie „katholisch sein" – gerade in Bezug auf Ihre Rolle als Familienvater?

Wulff:
Es bedeutet, ein Stück von sich selbst Preis zu geben und zu versuchen, die eigenen Glaubensüberzeugungen an die nächste Generation weiterzugeben. Dies geschieht zunächst natürlich durch die Taufentscheidung der Eltern, muss dann allerdings ausgefüllt werden, um prägend zu sein.

Man sagt Ihnen eine wohltuende „Normalität" nach, die einigen Politikern abhanden gekommen scheint. Prägt Ihr Glauben auch den Stil Ihres Handelns und Auftretens? Welche Rolle spielt Ihre Familie dabei?

Wulff:
Zunächst gibt es für mich Wichtigeres als Politik und Erfolg. Ich denke, das haben sowohl katholische als auch evangelische Christen gemein, dass sie sich des Satzes vergewissern: „Was hülfe es, die ganze Welt zu gewinnen, wenn dabei die Seele Schaden nimmt".
Als Christ hat man meines Erachtens andere Prioritäten und ist nicht nur dem Machtanspruch und dem Erfolg verpflichtet. Bestimmte innerliche Überzeugungen helfen, Niederlagen einzugestehen und zu verkraften.

In unserer heutigen Mediengesellschaft gilt diese „Normalität" jedoch schnell als „langweilig". Ich habe nur *eine* Frau und nur *eine* Familie und bin auch noch glücklich mit meinem

Leben. In unserer segmentierten und individualisierten Gesellschaft erregt dieser Umstand eher Argwohn, was ich für sehr, sehr bedenklich halte. Denn wer sich zur Familie bzw. Familienpolitik bekennt, verdrängt damit ja nicht die anstehenden gesellschaftlichen Probleme. Auch ein glücklich verheirateter Familienvater und Ehemann hat ein offenes Ohr für die Probleme beispielsweise Alleinerziehender, unverheiratet Zusammenlebender und für andere Lebensformen. Aber wer dafür Verständnis, Toleranz und Fürsorge aufbringt, der darf trotzdem von seiner Grundüberzeugung geprägt sein und dafür eintreten, dass die Familie die Keimzelle der Gesellschaft ist – und die mit Abstand erfolgreichste und wichtigste Lebensform auch für die Zukunft.

Den Ausgleich zu finden zwischen Mehrheit und Minderheit, das scheint uns in den letzten Jahren ein bisschen verloren gegangen zu sein. Da galt man als Familienpolitiker schon als altmodisch. Dies gilt es nun zu ändern. Ich denke, dass vielen Menschen auch durchaus bewusst ist, wie wichtig die Institution Familie ist. Es macht mich immer wieder zuversichtlich, dass sich die große Mehrheit junger Menschen für die Institution Ehe entscheidet und auf Dauer Verantwortung zu übernehmen bereit ist. Heute ist das Scheitern allerdings nicht selten, weshalb es auch ein Netz an Hilfs- und Betreuungseinrichtungen der Kirchen u. a. für Familien, vor allem aber für Kinder geben muss.

Wenn Sie einmal auf Ihre tagespolitischen Aufgaben schauen: Gibt es Bereiche, die Sie in Konflikt mit Ihrem Glauben bringen? Wo gibt es Spannungen zwischen Ihrer christlichen Einstellung und bestimmten politischen Notwendigkeiten?

Wulff:
Handeln aus christlicher Verantwortung ist ganz sicher eine ständige Anforderung, hinter der man zurückbleibt.
Der Gesichtspunkt der Zukunftssicherung rückt erst nach und nach in den Vordergrund unseres Handelns. Ihn pflegen wir langsam mehr in der Umweltpolitik, aber beispielsweise noch

immer nicht in der Finanzpolitik, wo viele Politiker ständig mehr ausgeben, als wir aktuell haben. Wir leben den christlichen Gedanken der Menschenwürde eines jeden Einzelnen – unabhängig von seinen Befähigungen und Qualifikationen – in unserer leistungsorientierten Gesellschaft nur unzureichend. Wir sind mit besonderem Elan bei der Sache, wenn es um Vermögenssteuern und Spitzensteuersätze geht. Das gleiche Engagement würde ich mir bei Diskussionen über die Integration Behinderter oder über das humane Sterben in Hospizen wünschen.
Man bleibt hier also deutlich hinter dem zurück, was man sich als Christ abverlangen sollte, und dem, was man sich als Politiker im Tagesgeschäft wirklich abverlangt. Vielleicht ist es jedoch ein erster guter Ansatz, diesen Graben nicht zu groß werden zu lassen.

Thüringens Ministerpräsident Dr. Bernhard Vogel hat bekräftigt, es gebe keine christliche Politik, wohl aber christliche Politiker. Stimmen Sie darin überein? Was zeichnet einen christlichen Politiker aus?

Wulff:
Ich möchte dieser Einschätzung widersprechen. Ich denke schon, dass es nicht nur christliche Politiker, sondern auch christliche Politik gibt.

Christliche Politik basiert für mich auf der unverwechselbaren Würde eines jeden Menschen. Es ist eine Politik, die Werte wie Nächstenliebe, Solidarität, Partnerschaft hochhält, die die Zukunftssicherung in den Mittelpunkt stellt.
Am überzeugendsten ist christliche Politik, wenn christliche Politiker einfach etwas Gutes tun, ohne es gleich mit einem Etikett zu versehen. Christliche Politiker sind davor gefeit, das Paradies auf Erden erschaffen zu wollen.
Und dieser christlichen Einstellung können auch Nichtchristen etwas abgewinnen.

Ist das „C" im Namen Ihrer Partei nicht trotzdem als eine gewisse Hemmschwelle zu betrachten – gerade im Hinblick auf die fortschreitende Säkularisierung in unserem Land und die ausgeprägten Diaspora-Regionen in Nord- und Ostdeutschland?

Wulf:
Es wird sicherlich vieles schwieriger werden in einer säkularisierteren Gesellschaft. Die Kirchen als Vorhof der Union, als „Durchlauferhitzer" für politisches Engagement innerhalb der Union, werden in ihrer Bedeutung eher abnehmen. Damit wird es für die CDU schwieriger, auch weiterhin breite Mehrheiten zu erlangen und sich als Volkspartei zu profilieren.

Ich denke jedoch, wenn wir das ohne Dogmen und den Realitäten zugewandt richtig angehen, dann wird die Bedeutung einer Partei mit christlichem Akzent im Namen gerade in einer säkularisierten Gesellschaft wachsen, weil auch die, die mit der Kirche wenig oder nichts anfangen können, die Notwendigkeit von christlicher Politik erkennen werden. Ich bin also ganz zuversichtlich, dass wir ein durchaus attraktives Angebot auch für Nichtchristen darstellen, wenn wir in den kommenden Jahren unsere ethischen Fundamente deutlich darlegen.

Trotz fortschreitender Säkularisierung in unserem Land sind die Menschen weiterhin auf der Suche nach dem Sinn des Lebens. Neu ist, dass diese Suche fast ausschließlich im Hier und Jetzt stattzufinden scheint. Folgt dieser „Jetzt-Orientierung" möglicherweise eine wachsende Entsolidarisierung in unserer Gesellschaft? Und was kann das für einen Staat bedeuten?

Wulff:
Ich denke, wir haben große Schwierigkeiten, gesellschaftliche Prozesse zu verinnerlichen und zu verarbeiten. Wir sind zu schnell mit Etiketten dabei. Denn die Individualisierung der Lebensstile hat ja auch durchaus ihre Chancen. Es entstehen

neue Formen von nachbarschaftlicher Hilfe, bürgerschaftlichem Engagement, Stiftungen, Initiativen gegen Kriminalität, gegen Drogenabhängigkeit, gegen Sekten.
Es gibt eine beachtenswerte Sensibilität zu bestimmten Phänomenen der Armut, der Schwächen, der Defizite. Wir befinden uns in einem Umwälzungsprozess, in dem wir alle Probleme haben, darauf immer gleich die richtigen Antworten zu finden.
Ich bin davon überzeugt, dass auch die angesprochene Säkularisierung kein unumkehrbarer Prozess sein muss. Bei bestimmten schrecklichen Ereignissen wird in enormen Maße nach Gott, nach Kirche und Religion gefragt. Und das zeigt mir, dass eine tiefe Verankerung des christlich-abendländischen Gedankenguts vorhanden ist. Den Abstieg der Kirche und ihrer Bedeutung möchte ich daher noch lange nicht an die Wand malen. Das wäre mir angesichts der jahrtausendelangen Tradition zu verwegen. Und ich sehe für die Zukunft auch durchaus ein Entwicklungspotenzial. Die Kirche muss sich meines Erachtens aufgeschlossen zeigen und zu gewissen Veränderungen und Kompromissen bereit sein. Und ich denke, in diesem Prozess ist sie ja auch.

Auch die sinkende Zahl der Priester wird zu Veränderungen führen. Eine flächendeckende Seelsorge wird – nicht nur in der tiefsten Diaspora, sondern auch im katholischen Kernland – voraussichtlich bald nicht mehr möglich sein.
Wie sollte die Kirche Ihres Erachtens diesen Herausforderungen begegnen? Kann eine Konzentration auf die Gruppe der wirklich Gläubigen die Lösung sein?

Wulff:
Ich bin ein leidenschaftlicher Kämpfer gegen einen Rückzug der Kirche.
Es gibt bestimmte Bereiche, wo sich die Kirche keinesfalls zurückdrängen lassen darf – beispielsweise der Kindergartenbereich, der Familienbereich, der umfassende seelsorgerische Bereich, der Bereich Religionsunterricht. Und genau hier läuft für mich die entscheidende Auseinandersetzung in

den nächsten Jahren, nämlich für die Durchführung des Religionsunterrichtes in den Bundesländern Sorge zu tragen. Es gibt unter der Oberfläche einer angeblich einigermaßen ausreichenden Versorgung mit Religionslehrern das Phänomen, dass viele dieser Religionslehrer alles unterrichten, nur nicht Religion. Auch viele Eltern sind scheinbar der Auffassung, die Schüler sollten lieber lesen, schreiben und rechnen lernen. Am Religionsunterricht könne am ehesten gespart werden.
Das ist meines Erachtens eine falsche Einstellung.
Als Politiker müssen wir also auf die Ministerpräsidenten und Kultusminister der Länder den Druck von Seiten der Kirchen massiv verstärken, Religionslehrer einzustellen und Religionsunterricht zu erteilen. Und das betrifft natürlich auch den Religionslehrernachwuchs. Wenn sich immer weniger Schüler mit diesem Thema beschäftigen, wird es auch am anderen Ende irgendwann – aufgrund des fehlenden Lehrernachwuchses – Probleme geben.

Auf der anderen Seite gibt es wenig Grund, im pädagogischen Sektor Theologie zu studieren, wenn kaum Lehrer eingestellt werden. Hier ist für mich immer wieder das Entscheidende, den Druck auf die Politik zu verstärken. Die Kirche muss ihren Dienst im Bereich der Kindergärten erbringen. Der staatliche Sektor muss seiner Unterrichtsverpflichtung des grundgesetzlich geschützten Religionsunterrichtes nachkommen.

Die Zahl der Kirchenaustritte ist rückläufig. Aber auch in den vergangenen Jahren hat – zahlenmäßig – jeweils eine deutsche Großstadt der katholischen Kirche den Rücken gekehrt. Hand aufs Herz: Gab es auch für Sie einmal den Punkt, wo Sie sagten: Jetzt reicht's! – Wo Sie sich auch einen Austritt vorstellen konnten?

Wulff:
Nein. Bei allem Reformbedarf – diese Frage hat sich mir nie gestellt.

Für mich ist nicht nur meine Familie ein gewisses Rückzugsrefugium, das ich von meinem politischen Engagement trenne. Für mich ist auch die kirchliche Gemeinschaft und die Zugehörigkeit zur Pfarrgemeinde etwas von ganz großer Bedeutung. In anderer und geringer Weise trifft dies übrigens auch auf die Verbundenheit mit meinem heimatlichen Wahlkreis Osnabrück zu. Als Politiker dem Trubel in Hannover zu entfliehen und nach Hause zu fahren – zur Familie, in meine Gemeinde und in meinen Heimatwahlkreis –, das hat für mich einen vielleicht missverständlichen, aber nicht misszuverstehenden Mehrklang, den ich nicht missen möchte. Er bereichert mein Leben und dies gehört zu dem, was ich nicht entbehren wollte.

Ihr Heimatbistum Osnabrück hat im Jahre 1995 durch die Neugliederung der Diözesen annähernd die Hälfte seines Territoriums verloren. Geblieben sind u.a. die Ostfriesischen Inseln – und damit auch vielfältige Aufgaben im Bereich der Touristenseelsorge. Sehen Sie in der Urlaubszeit eine besondere Chance für die Kirche?

Wulff:
Ganz gewiss hat Kirche hier eine besondere Möglichkeit, Interesse zu wecken. Urlaubsgottesdienste haben bei uns im Bistum zunächst einmal den schönen Effekt, dass die katholischen Gläubigen, beispielsweise in der Diaspora auf den Ostfriesischen Inseln, in größerer Gemeinschaft Eucharistie feiern können. Für den Urlauber hat es den Vorteil, in entspannter Weise und ohne den Stress des Alltags Glaubensgemeinschaft zu erfahren.
Gerade für manchen nicht regelmäßigen Kirchgänger bietet die Urlaubszeit sicherlich einen neuen Ansatzpunkt, zum Glauben zu finden. Diese gewisse Anonymität des Urlaubers im Ferienort bietet möglicherweise weniger Schwellen auf dem Weg in ein Gotteshaus als in heimatlichen Gefilden. Gemeindliche Arbeit am Urlaubsort zu pflegen – das erscheint mir eine ganz wichtige Aufgabe der Kirche für die Zukunft zu sein.

Welche Aufgaben und Herausforderungen sehen Sie für das begonnene Jahrhundert in Bezug auf Kirche und Gesellschaft?

Wulf:
Die wichtigste und drängendste Aufgabe ist es, die fortschreitende Verflachung und Einebnung zu vermeiden, die wachsende Oberflächlichkeit unseres gesellschaftlichen Zusammenlebens zu bekämpfen.
Das kann beispielsweise erfolgen im Bereich der Medienpolitik, indem man energisch gegen blasphemische Sendungen vorgeht. Das kann erfolgen im Einsatz für die Beibehaltung des Sonntags als Ruhetag. Wir müssen den Menschen verstärkt nahe bringen, welche Chancen sich am ersten Tag der Woche in Bezug auf die innere Einkehr bieten, zur Begegnung und zur Kommunikation innerhalb der Familie, des Verwandtschafts- oder Freundeskreises. Es sollte ein gesellschaftliches Anliegen sein, dass der Sonntag nicht wie jeder andere Tag der Woche an uns vorbeizieht.
Die Diskussion um die Flexibilisierung der Arbeitszeiten von montags bis samstags ist das eine. Die Erhaltung des Sonntags als eines besonderen Tages ist das andere. Hier kann und muss die Kirche, hier können und müssen wir Christen gesellschaftspolitische Impulse geben und Akzente setzen. Ich hoffe, dass es hier zu Kompromissen kommt, die Sonn- und Feiertage nicht weiter einzuebnen.
Reformdiskussionen sollten des Weiteren nicht nur bezüglich der innerkirchlichen Strukturen und im Hinblick auf den fehlenden Priesternachwuchs geführt werden. Ich sehe den eigentlichen Reformbedarf der Kirchen im Hinblick auf die Ökumene. Politik und damit politische Entscheidungen sind heute vor allem eine Machtfrage. Das gemeinsame Auftreten der evangelischen und katholischen Kirche würde eine ganz entscheidende Wirkung auf das politische Geschehen in unserem Lande haben. Kirchliche und religiöse Fragen werden – heute wie damals – vorrangig politisch entschieden. Ein gemeinsames Auftreten beider Kirchen wäre eine große Chance für unsere Gesellschaft.

Im Gespräch: Pater Anselm Grün

Mönch, Verwalter der Benediktinerabtei Münsterschwarzach, Autor zahlreicher spiritueller Bücher, geistlicher Berater und Kursleiter

Damit Kinder Geschmack am Leben finden

In der Eucharistie feiern wir das Zentrum unseres Glaubens, die Liebe Jesu Christi, die bis zum Kreuz reicht – so Pater Anselm Grün. Im nachfolgenden Gespräch erläutert er seine Gedanken zur Feier dieses Sakramentes. Pater Anselm zählt zu den meistgelesenen christlichen Autoren der Gegenwart.

Pater Anselm, viele Eltern und auch Katechetinnen und Katecheten stehen heute vor einer gewissen Schwierigkeit. Vermehrt stellt sich bei den Kindern die Frage, was wir eigentlich in der Eucharistie feiern und warum wir in den Gottesdienst gehen. Was soll man denn noch antworten, wenn ein Kind fragt, was ihm die Eucharistiefeier überhaupt „bringt"?

Pater Anselm:
Zunächst würde ich eine Gegenfrage stellen: Muss alles etwas bringen? Tut das nicht gerade unserer Seele gut, wenn etwas nichts bringen muss, wenn wir uns einfach Zeit nehmen, zu sein, zu atmen, zu feiern? Es tut unserer Seele gut, aus dem Terror des „Bringenmüssens" auszusteigen und das Leben zu feiern.

Was feiern wir in der Eucharistie? Wir feiern die Liebe Jesu Christi, die am Kreuz zur Vollendung kam. Wir feiern, dass wir bedingungslos angenommen und geliebt sind. Und es tut uns gut, wenn wir uns nicht nur mit dem Kopf vergewissern, dass wir absolut daseinsberechtigt sind, sondern wenn wir es mit allen Sinnen erfahren: Du bist willkommen. Du bist so wichtig, dass Jesus sich selbst dir gibt und mit dir eins werden möchte. Du darfst seine Liebe essen und trinken, damit du sie mit dem ganzen Leib spürst.

Und wie sieht das ganz praktisch aus?

Pater Anselm:
Wir feiern ein Mahl. Liebe geht auch in unserem Alltag über das Essen. Wenn wir gemeinsam Mahl halten, erfahren wir, dass wir zusammengehören. Aber wir feiern in der Eucharistie mehr: Wir gehören mit Gott zusammen. Wir gehen nicht allein durch unser Leben.
Mich hat ein 10-jähriges Mädchen einmal nach einem Vortrag über Engel gefragt: Woher wissen Sie, dass der Engel mich nicht verlässt, auch wenn ich immer wieder böse bin? Als ich ihm sagte: Daran glaube ich fest, das weiß ich aus der Bibel, ging es getröstet weg. Ihm war offensichtlich wichtig, dass da

einer ist, der es mit ihm aushält. Vielleicht haben ihm die Eltern vermittelt: Du taugst nichts. Mit dir kann man es nicht aushalten. Vielleicht hat das Mädchen unter sich selbst gelitten, weil es den eigenen Vorstellungen nicht entsprach. Die Eucharistie sagt dir, dass da einer ist, der es mit dir aushält, auch wenn du dich noch so unmöglich verhältst. Da ist einer, der möchte sogar mit dir eins werden, in dir sein, dich mit seiner Liebe ausfüllen. Von dieser Erfahrung her kannst du anders leben. Da wirst du dich nie ablehnen oder gegen dich wüten.

Viele Katholiken – oder überhaupt Christen – leben heute in der Diaspora, in der Zerstreuung. Ihre säkularisierte Umwelt hat kaum mehr Verständnis für den Glauben, geschweige denn für die Eucharistie. Was fehlt, wenn wir aufhören, einander und auch anderen die „guten Geschichten der Bibel" zu erzählen und das Mahl zu feiern?

Pater Anselm:
Wenn wir aufhören, die „guten Geschichten der Bibel" zu erzählen, wird unser Leben platt. Alles wird banal. Wir werden nur noch Krankenkassenbeitragszahler oder Rentenempfänger. Die Geschichten der Bibel sind – so sagt Franz Kafka – wie eine Axt für das gefrorene Meer unserer Seele. Sie bringen unsere vereisten Gefühle wieder zum Fließen. Da tauen wir auf. Da entdecken wir, welch ein innerer Reichtum in uns ist. Wir entdecken unsere wahre Würde.
Wir hören nicht nur die Geschichten der Bibel. Wir feiern sie. Wir feiern unsere unantastbare Würde, unsere göttliche Würde. Das lässt uns aufrechter in den Alltag hinausgehen.

In der Diaspora ist der Aspekt der „Sammlung" von großer Bedeutung – und das ist praktisch schon wegen der weiten Anreisen sehr schwierig. Sehen Sie Möglichkeiten, die Menschen und gerade die Kinder zu motivieren, trotz größter äußerer Schwierigkeiten aus der Kommunion heraus zu leben?

Pater Anselm:
Ich würde an den Stolz der Kinder appellieren. Sie trauen sich

etwas zu. Sie nehmen etwas in Kauf. Sie hören auf, nur zu konsumieren. Sie spüren, dass sie wertvoll sind. Und weil sie wertvoll sind, nehmen sie Zeit und Wegstrecken auf sich.

Ich würde nicht moralisieren oder ihnen vermitteln, dass Gott das erwartet. Ich würde sie vielmehr herauslocken, dass sie Lust am Leben haben, Lust am Feiern, Lust, auch etwas auf sich zu nehmen, früher aufzustehen als sonst. Aus meiner Jugendarbeit weiß ich, dass sich junge Menschen begeistern lassen. Bei den Osternkursen habe ich sie dafür begeistert, morgens um 5:15 Uhr aufzustehen, um mit uns Mönchen die Psalmen zu singen. Und sie sind aufgestanden. Wenn ich mich dafür entschuldigt hätte, dass wir Mönche noch so altmodisch sind, so früh aufzustehen, wäre auch niemand aufgestanden. Die Frage ist, ob ich Kinder begeistern kann für das, was mich trägt.

Sie sagen „Unser Alltag wird durch die Eucharistie verwandelt", aber viele Kinder werden nach Erstkommunion und Firmung nie wieder in der hl. Messe auftauchen. Was machen wir da falsch?

Pater Anselm:
Sicherlich können wir heute nicht die Regelmäßigkeit des Messbesuches erwarten wie in den 50er Jahren. Ein wichtiger Weg ist, die Kinder aktiv an der Eucharistie zu beteiligen. Und da bietet sich der Ministrantendienst an. Ich kenne viele Kinder, die begeistert bei der Eucharistie ministrieren. Nur anzuhören und zu konsumieren ist für die Kinder eine Überforderung. Wenn sie aktiv mit dabei sind und wenn wir Sinn für Feierlichkeit haben, dann spricht das ihre Seele an. Natürlich ist es wichtig, dass wir auch ein Gruppenbewusstsein erzeugen. Einer allein wird sich als Ministrant verloren vorkommen. Wenn die Kinder in der Eucharistie auch die andern treffen und mit ihnen etwas gestalten oder unternehmen, werden sie leichter kommen.

Häufig wird der Ruf nach mehr zeitgemäßen Formen der Eu-

charistiefeier laut. Wenn wir nur die Messe „moderner" und „attraktiver" feierten, dann würde man die Leute auch wieder mehr ansprechen. Hat dieser Ruf nicht auch eine gewisse Berechtigung?

Pater Anselm:
Wir müssen beides miteinander verbinden. Auf der einen Seite braucht die Eucharistiefeier eine gute Kontinuität. Wir müssen uns befreien von einem „Inszenierungsdruck", als ob jede Eucharistiefeier ganz besonders gestaltet sein muss. Aber die Rituale müssen so gefeiert werden, dass sie verständlich sind, dass sie nachvollziehbar sind. Und da ist eine neue „Mystagogie", eine neue Einweisung in den Sinn der Riten, sinnvoll. Zum andern ist es sinnvoll, an besonderen Tagen, etwa bei der Erstkommunion, bei Gruppengottesdiensten, an Festtagen, bei Familiengottesdiensten, einzelne Elemente der Eucharistie besonders zu gestalten, etwa den Bußakt, die Fürbitten, die Kommunion unter beiderlei Gestalten. Oder nach der Predigt könnte man ein Bild aus dem Evangelium mit einer Gebärde darstellen oder durch eine Gebärde meditieren. Oder Kinder könnten einen meditativen Tanz üben, um einen Aspekt des Evangeliums sichtbar zu machen. Es braucht Kontinuität und Abwechslung. Aber es braucht auch die Freiheit und Gelassenheit. Sonst wird jede Eucharistiefeier anstrengend. Feier muss aber etwas Spielerisches haben, und sie muss Heimat schaffen. Dazu braucht es auch das Vertraute. Doch manchmal sind neue Rituale ein guter Ort, Gefühle zu zeigen und eine neue Verbundenheit zu schaffen.

Sie betonen, dass Menschen in der Nähe Jesu die Augen aufgehen. Sie würden durch den Glauben „er-leuchtet". Woran kann man das erkennen? Was können wir Erwachsenen uns vielleicht dabei gerade von den Kindern sagen und zeigen lassen?

Pater Anselm:
Kinder haben ein Gespür dafür, wie wir sie angeschaut haben, was ihnen unsere Augen vermitteln. Ich kann nicht sagen,

dass die Menschen durch den Glauben erleuchtet werden, wenn ich das an ihren Augen nicht ablesen kann. Wer erleuchtet ist, dessen Augen fangen an zu leuchten. Sie strahlen Milde und Güte aus, Lebendigkeit und Liebe. Es hat wenig Zweck, theologische Sätze zu behaupten, wenn sie nicht mit der Erfahrung übereinstimmen.
Daher ist für mich ein Satz wie „Gott ist mein Licht“ dazu da, mich in ihn hineinzumeditieren. Wenn mir Gott aufgeht, dann blicke ich durch, dann habe ich zwar nicht auf alle Fragen eine Antwort. Aber in der Tiefe des Herzens weiß ich: Es ist nicht alles sinnlos. Es ist gut so, wie es ist. Es ist, wie es ist. In allem bin ich von Gott getragen. Gottes Geist ist in mir. Ich bin nicht allein. Das schenkt mir Sinn mitten in der Sinnlosigkeit dieser Welt. Das macht meine Augen hell.

Einmal haben Sie Jesus als „den Kinderfreund“ bezeichnet. Was würden Sie persönlich den Kindern für ihren Glauben und ihr Leben wünschen?

Pater Anselm:
Ich wünsche den Kindern, dass sie ein Gespür für das Geheimnis Gottes und für die bedingungslose Liebe Jesu bekommen. Für mich war die Zeit um die Erstkommunion wichtig. Ich habe als Kind in der Kirche ein Gespür für das „Numinose“, für das „Geheimnisvolle“, für das Geheimnis Gottes gehabt. Das hat mich als Kind angeregt, an mir zu arbeiten. Aber es hat mir das Gefühl tiefer Geborgenheit und Sinnhaftigkeit des Lebens geschenkt.

Ich wünsche den Kindern, dass sie sich durch die Eucharistie bedingungslos daseinsberechtigt erfahren, geborgen, getragen, willkommen. Und ich wünsche ihnen, dass sie ihre innere Schönheit und ihren Glanz entdecken. Und sie sollen spüren: Das Leben lohnt sich. Ich bin einmalig. Durch mich kann diese Welt heller werden. Ich kann meine urpersönliche Spur eingraben in diese Welt. Wenn ich mich von Jesus erfüllen lasse, wird durch mich diese Welt heller und wärmer.